史仲文・著

生死
兩論（下）
死亡，面對新文明

認識大陸作家系列

目　次

一、向死而生，死亡贈與文明的 5 種啟迪

有一種理念：不懂死亡，就沒有哲學，這是什麼意思？這意思是說，死亡有它特殊性的重要性。死是生的價值對象。

從發生順序看，自然沒有生就沒有死。但從生存意義上看，沒有死，也沒有生。

雖然死亡是人類最不願意面對的事情，然而，如果只是生而沒有死，那麼，這世界一定可怕，而且比造成巨大死亡的任何災難都更其可怕。

請君細想，現在的地球上只有 60 億人口，地球已然不堪重負，如果這地球上有 600 億人，6000 億人，那該是什麼樣子？上帝愛我，這情況不要發生，果真發生了，任你什麼科學，面對這樣眾多的人類也將手足無措。在那樣的情況下，人們所祈盼的就不會是生存而是死亡了。

上帝，讓人類快死些吧！多死些吧！何況，死的意義，不僅於此。因為人生自古終須死，所以，才顯出生命的無比珍貴。人的生命是有限的，有限的東西才無價。如果人的生命是無限的，那麼這生命一定很廉價。人的生命是有限的，而且這有限的生命只有一次。因此，人類百倍地珍視她，守護她，千倍地敬重她，鍾愛她。

死亡對人生而言，意義如此重大，信筆書之，便有如下種種。

1. 死亡使存在者升值

我們中國對極其長壽者，有一個極好的稱謂，叫作「人瑞」。瑞者，吉祥之謂也。人瑞，便是人類吉祥的象徵。比如當今之世，百歲老人，便是人瑞。

人瑞，「瑞」在何處，就是他（她）比之常人更為長久地遠離了死亡。其實，不止人瑞，世間萬物──姑且稱之為存在者，都因為有死亡──消亡做代價。所以那些倖存者，才顯得彌足珍貴。

魯迅生活的時代，宋版書就已經十分難得，先生也曾感歎連元版、明版書都貴到嚇人的程度。因為什麼？因為存在者稀。其實，所謂文物，除去其他種種派生的原因，最主要的評價依據就是它留存的久遠，而且留存的多少。

春秋時代的錢幣，如果全然或者大部分保存下來，那實在也沒有什麼，不過是一些春秋時代的錢幣而已。魏晉時代的書畫，如果全然或者大部分保留下來，現時的人們難免對它們挑挑揀揀，因為充其量，那也不過是一些魏晉時代的書畫而已。明清時代的傢俱，如果全然或者大部分保留下來，同樣沒有什麼值得驚奇的價值存在，它們依舊不過是一些明、清時代的傢俱而已。

然而，這是不可能的。因為不可能，它才來的珍貴。比如某一個皇帝，他有 10000 件磁器，這萬件磁器，千姿百態，1000 年後，其中的 9999 件都沒有了──都消亡了──詩意地說，都死了。那麼這剩下的一件，哪怕只是那 10000 件中收藏品中最小最醜最不起眼的一件，我們也非得把它奉為至寶不可。此無它，因為，它是唯一的倖存者。

正因為它者的死亡，才顯示了這在者的光輝。器且如此，人尤如此。以樹比人，殷仲文才顧庭槐而長之歎，庾子山才作〈枯樹賦〉以抒情。所謂：「昔年種樹，依依江南；今番搖落，悽愴江潭；樹猶如此，人何以堪！」

巨人偉人過世，固然使天下感傷。親人友人故去，同樣令相親相愛者傷心無限。受觀眾愛戴的公共人物故去了，同樣有多少相識或不相識的人要為他灑一掬同情之淚。

早幾年，臺灣的三毛女士去世，海峽兩岸俱為震撼。這震撼不是世事的震盪，而是人心的傷感，至少是那些三毛的讀者，要為這位美麗、聰慧、妙筆如花的女士的辭世，心情久久難於平靜。

又如小品兼評劇藝術家趙麗蓉女士去世，更在眾多的趙迷當中引起極大的振動。趙麗蓉是真正的人民藝術家，她生前，既不是任何一級的政協委員，也沒有得過任何一項國家和官方設立的文化獎項。然而，人民懷念她，觀眾想念她。斯人既去，人們給了她別人享受不到的榮譽。

還有現代舞的青年藝術家陶金，大陸中國人知舞、喜舞的人不多，至少不比喜歡小品的人多。但陶金的故世，自有為他傷心欲碎者在，又有為他萬般惋惜者在，還有為他以墨當哭者在，更有為他奮起狂舞者在。

這一切都是死亡的啟迪，甚至可以說是死亡的「恩賜」——如果我們一時找不到更好更準確的語彙的話。

古人云「黯然傷神者，唯別而已矣」。別已傷神，何況死乎！死是永難追回的別離。死亡使一切存在者升值，除去永存者外。然而，真的永存者，又有誰呢？世間唯有上帝不死，可惜上帝沒有青春。

3

2. 死亡是解開人生奧秘的助進器

中國有久遠的儒學文化傳統。儒學文化，喜歡言生，厭惡言死。孔子的弟子向孔子請教死後的問題，孔子不高興，對他說：「未知生，焉知死？」

然而這只是問題的一面，還有問題的另一面──未知死，焉知生。

甚至可以這樣說，大抵那些對死亡的意義沒有感悟的人，很難理解人生的意義；那些對死亡的價值不能理解的人，他的生的觀念亦很難徹底。西方近代哲學史上，敢於和慧於面對死亡的哲學家乃是海德格爾。

海德格爾常常被稱之為存在主義哲學的鼻祖。其實，對「存在」的重視，古已有之。海德格爾的獨特貢獻在於，他開始分別在與在者，認為只有在者才能理解存在的意義。海德格爾哲學的內容博大，但它的一大特點，即肯於並善於直接面對死亡。在這個意義上，他的存在哲學亦被稱之為死亡哲學。研究者說：

將海德格爾哲學稱之為死亡哲學，並非意指其哲學乃是在死亡面前的人生觀照，而是突出其哲學與死亡的直接面對。事實上，正如歷史的創造每每蘊含著裏比多的衝動一樣，幾乎每一種哲學每一個思想家乃至聖賢至尊都是從對死亡的畏懼起步的，只是前人不如海德格爾這麼貼近死亡直面死亡，從而總是以堂而皇之的人生闡說掩飾了內心深處的畏懼，比如釋迦牟尼，比如莊子，比如孔子，等等。

釋迦牟尼、莊子、孔子是否以堂而皇之的人生闡釋掩飾了內心深處的畏懼，姑且不論。但海德格爾直面死亡，卻是事實。而

且因為他自覺面對死亡，故而對在的理解，對在者的分析，對人生的感悟與揭示，顯然來得更深刻也更清澄，同時也更有哲學的詩意。

世界大文家中，對於死亡有著特別理解的人物中，還有一位陀思妥也夫斯基。陀翁是俄國最偉大的小說家之一，其地位，按傳統的說法，正堪與托爾斯泰相提並論，所謂雙峰並峙。但是二者有不同。

托爾斯泰是寫實的大家，他的價值觀念是勿抗惡，他揭露一切不合他理想的醜惡，但不主張以暴力的手段去改變它們。

托翁寫實，陀翁寫心。陀翁其實也是寫實的高手，但他的重點不在於世間故事而在於人的靈魂，他不但揭露這世事的黑暗，尤其要追問這心靈的不明。一切有罪的心靈，在他的筆下，都將淋漓盡致，一筋一脈，暴露在光天化日之下；一切自覺無罪的心靈，在他的筆下，同樣淋漓盡致，一筋一脈，受到作者的拷問。

托翁青年時代，也曾親臨前線，看見過血的揮灑與生命的毀滅。陀翁卻是被判過死刑的，而且就在即將被絞刑的千鈞一髮之際，得到沙皇的赦書，算是僥倖撿回了一條性命。

托翁最偉大的小說，當是《戰爭與和平》，最深刻的小說，乃是《安娜‧卡列尼娜》，最反映他人格理想的小說，則是《復活》。我們不好說，聶赫留道夫就是托翁本身，但在聶氏身上，分明有托翁的影子。

陀翁最博大的小說，乃是《卡拉馬佐夫兄弟》，最深情的小說，乃是《白癡》，最有道德感的小說，乃是《罪與罰》，最有震撼力的小說，則是《死屋手記》。

是誰說的——唯有經過地獄的人始能想像天堂的美麗。陀思妥也夫斯基，正是一個自煉獄中走出又給這煉獄以穿透性深思的在者。而他的最尖銳最形象最深刻的表現，即是這部《死屋手記》。

　　古人云：讀〈出師表〉不下淚者，其人必不忠；讀〈陳情表〉不下淚者，其人必不孝；讀〈祭十二郎文〉不下淚者，其人必不友。我要加上一句，讀《死屋手記》而心靈不震顫者，其人必不人──他已經沒有資格稱之為人了。

　　中國近代作家中，對死亡最有深刻、獨特見解的人物是魯迅。雖然，寫死的作家不算少，但寫到魯迅那個份上的不多。

　　魯迅對死亡的認識，首先與他的身世有關。他的祖父因為科考行賄，是被判了秋後決的。這秋後決有類於今天大陸刑法中的死刑緩期執行，但又有不同。秋後決，秋後不一定決，但很可能決，決與不決都和被判者家屬的態度有關。如果你關節打得通，禮物送得到，那麼，秋後就「不決」，否則，八成就給「決」了。魯迅的祖父因行賄而獲罪，他的家屬又要用行賄的辦法求其不死，有點兒黑色幽默了。

　　魯迅祖父在大牢中面對的是死亡，他的家屬面對的是親人可能死亡的恐懼，而他的父親，又不幸患了絕症──當時的絕症。不用說，面對絕症病人，這無異於面對死神的猙獰與狂暴，於是，一個原本富足的官僚家庭破落了。

　　魯迅生長在這樣的家庭，又身為長子，種種畏懼艱辛，人情冷暖，世態炎涼，以及由富足而破落的百般感受，尤其由此而引起的種種精神創傷，都使這位以後的世紀文豪，對家庭、對傳統文化，對民族興衰，有了不同於常人的見解。

　　魯迅是敏感的，又是深刻的。敏感因為他曾經面對親人死亡的警示，深刻是因為他曾經經歷了家族敗落的切膚之痛。加上他後來又染上了同樣的不治之症。他以這樣的眼光看世界，加上他的學識，他的文化，他的素質和他的追求，所以他的敏感是可以理解的，他的深刻也是最具說服力的。

魯迅的小說，特別是他收集在《吶喊》與《彷徨》中的不少作品，死亡往往成為不可逃避的主題。他因憤怒而「吶喊」，又因找不到出路而「彷徨」，但這不影響他作品的深刻性。他的名篇〈藥〉、〈孔乙己〉、〈阿 Q 正傳〉、〈傷逝〉、〈祝福〉中的人物，沒有一個是活下來的。這些人物各異，性格各異，出身各異，學識各異，但無一不悲慘地走向死亡，且又以他們的死亡給讀者以啟迪。

不僅小說，就是他的散文詩——《野草》中，對於死，對於夢，也有諸多描寫，雖然也寫「希望」，也寫「秋夜」，也寫「風箏」，也寫「過客」，但那主題是嚴肅的，而且往往寫到死時，便有神來之筆。

魯迅深解死亡的含義，但他不屈服邪惡的壓迫，於是：「他舉起了投槍。」魯迅壽命不長，只活了 55 歲，但直到臨終前的幾十小時，他還沒有放下戰鬥的筆墨。死前幾個月，他寫了遺囑，他的遺囑寫得尤其不同凡響，最為不凡之處，是這遺囑表現的依然是不屈的靈魂。

在某種意義上講，海德格爾的哲學，陀思妥也夫斯基的小說，魯迅先生的精神，都是被死亡啟迪與激揚的結果。死亡本可以成為哲學教員，如果它本身還不能成為哲學的話。不僅如此，死亡還可以是美麗的，甚至是壯麗的。

英雄的死亡，往往帶有壯麗的色彩。第二次世界大戰中犧牲的反法西斯英雄們，可以說人人身上都煥發著壯麗的光彩。

死亡是令人痛心的，有價值的死亡除去痛心之外，尤其令人慷慨，令人神往，於是便有了悲劇。西方的悲劇歷史好長好長，不但創作多多，而且評論多多。中國人也有許多成功的悲劇創作，但走的往往是另一個路數。但那本質，似乎也沒有太大的不同。魯迅先生說，悲劇是將那有價值的東西撕破給人們看。說得生動明白，令人信服；帶有死的味道，又令人警悟。

死亡的文學表現，便是悲劇。現在，悲劇似乎有些不當時了，然而，只要社會中存在悲劇的種子，藝術品類中就有悲劇的位置，藝術創作中就有孕育悲劇的土壤。

所以《哈姆雷特》是永遠也說不完的，儘管後來人可以有一萬種理解，但終究掩不住它那令人有些炫暈的悲劇之光。

3. 死亡是科學的前提之一

死亡並不與一切科學領域相關，但它至少與醫學相關。

因為它與醫學相關，所以它又與眾多的學科相聯繫。

醫學的終極鬥爭對象乃是死亡，雖然它所直接面對的乃是種種病痛。醫生職責彷彿在與死亡拉據。病人不該死而死了，便是醫學的失敗，可以死的病人康復了，便是醫學的勝利。當然，特例也有。畢竟人不能永生，人既不能永生，醫學為人類的最佳貢獻，無非是延長人的生命和提高人的生存品質。

如果沒了死亡危脅，那麼，醫學的重要性、必要性必定大打折扣。人既可以不死，還怕疼痛嗎？還怕騷癢嗎？還怕中毒嗎？還怕七災八難、五癆七傷嗎？

怕也怕，但一定不是真怕，至少不會怕的要命——因為它根本要不了你的命。於是勇敢者會說，疼就讓它疼去吧，癢就讓它癢去吧，毒就讓它毒去吧，腫就讓它腫去吧，既無生命之憂，就當它是一種鍛煉好了。

那情形，就如同美國動畫片《米老鼠與唐老鴉》一樣。米老鼠壓在巨石之下，是可以變成照片狀的。然而，沒有關係，照片就照片，照片是死的，米老鼠是活的，轉瞬之間，依然活蹦亂跳。又好像唐老鴉進了巨大的機械滾筒之中，不是成了照片，而是成了麵捲。

然而，麵捲也不過麵捲罷了。唐老鴉依然呱呱大叫，依然憨氣十足，依然怪癖不改，依然我行我素。於是，醫學的存在，成為可有可無。醫學既已可有可無，很多相關的學科也就失去了發展的動力。

又好像中國的神話故事，哪吒死了，還有魂在，於是太乙真人便截剪荷花荷葉作人形，一把手將哪吒的靈魂推入，便有一位更其高大，更其光彩，更其鮮亮的哪吒跳將出來。

因為不死，天堂固然是個好去處，就是地獄，也並不讓人害怕。地獄無非多些磨難罷了。我們進一些神廟，或者讀過《聊齋》，知道那些設計者與創造者，對於地獄的恐怖很是費了一番功夫。然而，細想起來，那又沒什麼了不起。充其量也不過就是上刀山，下油鍋，剮首挖眼，敲骨吸髓而已。然而，折騰一個「六狗」，還不是一個原本的你。

站在另一個角度看，醫學又正是與死亡奮鬥而發展起來的。因為要救死扶傷，才有了醫學，才有了內科外科，才有了四診八綱，才有了中草藥，才有了推拿針灸，才有了 X 光片，CT，以及核磁共振等種種醫療手段。

醫學與死亡作對，可謂魔高一尺，道高一丈；死亡與醫學作對，又可謂道高一尺，魔高一丈。人類永遠不能戰勝死亡，醫學便永遠處在歷史的發展之中。

4. 死亡是對生命潛能的終極檢閱

檢閱生命的潛能，包括兩個基本的層面：即生命的檢閱與死亡的檢閱。這裏討論第二個層面。

死亡對生命的檢閱，既是殘酷的，又是彌足珍貴的。

死亡壓迫人的生命，人的生命不屈於死亡的壓迫，那結果，是看著面對死亡時，人的生命潛能究竟有多大。

現代人，尤其是現代中國人，最為害怕的疾病，莫過於癌症了。人類談癌色變。得了癌症，婉轉的說法，叫作得了不治之症。

然而，癌症並非不治。實際上，現在的癌症患者，尤其是經早期診斷及時治療的癌症患者，其存活期在五年以上的，並非只是個別現象。很多生活了或者說正常生活、工作了二三十年的老患者，也並不鮮見。

北京有癌症患者的聯誼、鍛煉群體，大家不但生活得如正常人一樣，而且其中很多人生活得很達觀，很幸福，也很快樂。因為他們是從死亡線上得勝歸來的戰士，所以他們生活得比一般人更達觀、更幸福，更快樂。

這樣的例子很多。雖然例子很多，但每每見到類似的報導，還是令我產生一次新的刺激和感動。這些堅強的人可以說是人類的楷模，因為他們在死神面前展示了自己的生命的潛質與高貴。

這裏說一說，文學園中的「不死鳥」——張磊爾。張磊爾 28 歲時身患淋巴癌；從此惡魔一到，拼死糾纏。從 1978 年至今，「她已經住院 26 次，手術 10 次，化療更不計其數。」「醫生數次預測她生命最長存活期不超過 3 個月。」[1]但她均化險為夷。不但化險為夷，就在她身患癌症期間，她自 1983 年始，迄今已發表 200 多萬字的作品，「她的長篇小說《葉氏父女》一出版，即被北京人民廣播電臺作為優秀小說播講。」[2]

小說之外，我還讀過她的人物文學《中國第一人毛澤東》。書寫得有理有據，情感動人。書分五章，末一章的題目是：「十大死神《三垂岡》」。

「三垂岡」是清人嚴遂成的一首七律。毛澤東年輕時讀過，1964 年他 71 歲時想起了這首詩，又讓他的秘書田家英為他尋找。

---

[1]　轉引自《文摘報》2000 年 6 月 22 日，第 6 版，高非文。
[2]　同上。

詩中有這樣兩句：風雲賬下奇兒在，鼓角燈前老淚多。張磊爾就此寫道：

> 建國以後，毛澤東又幾次提及此詩。啊，毛澤東，尤其當生命行將結束之時，援引此詩，你心中又感受到了什麼？……可惜昨天你還是「風雲帳下」一「奇兒」，今天卻只能以淒切憂傷之調唱「百幸歌」了。人生無奈，你如今真是「鼓角燈前老淚多」啊：看一部解放軍進上海的電影也要淚流滿面，讀一本史書也會嚶嚶抽泣。

人的生命有時偉大，有時渺小，有時強盛，有時衰落，然而，能與疾病周旋數十年，且有 200 萬字作品問世，不能說不是一個奇蹟。

「風雲帳下奇兒在」，你生了，你想了，你寫了，又何必「鼓角燈前老淚多」。

5. 面對死亡，人類生生不已

死亡是一條自然規律，有生就有死，有死才宜生。只生不死，那世界就完了。中國大陸就是因為過去的人口出生率太高了，害得現代中國人，只能一對夫妻生一個孩。獨生子女，孑孑得很，那也沒法，誰讓他們的爺爺奶奶，生了又生，生了還生，而且一邊生，還一邊大罵馬寅初，說真理在自己一邊，老子愛生會生能生，有什麼了不起？

是人就得死。古人不明此理，拼命追求長生不老，尤其是那些大權獨攬的帝王，越是君臨天下，還越要長命百歲。他們憑著手中的權勢，今天找不死藥，明天煉長生丹，找來找去，找到的只是沮喪與失望，煉來煉去，不知煉出些什麼東西。然而，該死，還得死，而且往往死得更愚昧，更淒涼，更荒唐。

偉人死了，令人痛心，但偉人不死，也未必就好。

　　世界偉人中，牛頓可說是偉人中的偉人。然而，他如果活到20世紀，他能夠接受愛因斯坦的相對說和波爾的量子力學嗎？他如果不接受，那一定是個不小的悲劇，至少是他個人的不小的悲劇。

　　中國的文學原匠中，曹雪芹可說是極為突出的一個。然而，如果他活到今天，他可以接受《變形記》嗎？可以接受《麥田守望者》嗎？可以接受《尤利西斯》嗎？可以接受《噁心》嗎？可以接受《古格拉群島》嗎？可以接受《廊橋遺夢》嗎？可以接受《生死朗讀》嗎？可以接受《雪國》嗎？可以接受《香水》嗎？

　　1953年，史達林逝世時，不但蘇聯，就是天安門，也有許多人在悲傷，在流淚。我記得有回憶者說，聽到史達林去世的消息，傷感到一種無名的失落。然而，史達林如果不去世，那麼，赫魯雪夫的二十大報告一定不能出籠，而蘇聯所經過的苦難，還會更多。

　　莫說是史達林，就是毛澤東如果不去世──他年輕時也曾賦詩說：「自信人生二百年，會當水擊三千里」。二百年太可怕了，就是活100年，那麼，中國1976年還能粉碎「四人幫」嗎？1978年還能實行改革開放政策嗎？

　　偉人死了，天塌不下來，就是天塌下來，還有地接著呢！羅斯福在二次大戰結束前去世，自然是一大悲劇。但杜魯門幹得也不遜色。看歷代美國輿論界對美國各屆總統的評價，杜魯門先生的聲譽還很不錯哩。渴望偉人去世的，有小人之嫌；害怕偉人去世的，又有懦夫之嫌。有偉人在，很好；沒有偉人在，就塑造一代新的偉人好了。孔子死了有孟子，老子死了有莊周；伽利略死了有牛頓，黑格爾死了有馬克思。柯林頓總統雖然有些喜歡沾花惹草的毛病，但他當政8年，美國的經濟確實令人滿意。

　　死亡為新人開路，它給我們的啟發是：與其為逝去的悲傷，不如擔負起自己的責任。比如一個人的老爸死了，傷心得很。但不能總在傷心，也許你就是一個新的老爸了。新老爸上任，你不希望自己的兒子生活得更幸福嗎？

二、死是一個謎

——永遠無解的謎

死是一個謎，它有多方的表現。死是一個謎，因為它是謎，所以它才那麼有震撼力，甚至可以說它才那麼有「魅力」。死是一個謎，作為一個人，正常情況下，都不會知道——不能確切知道自己什麼時候一死。

人總是要死的，世間萬事萬物，唯此最公平。任憑千年鐵門檻，終究一個土饅頭。白癡也要死，天才也要死；小人也要死，偉人也要死；平民也要死，貴族也要死；囚犯也要死，模範也要死；男人也要死，女人也要死；凡夫俗子也要死，世外高人也要死。

然而，我們以及我們的先人和後人且無論他是誰都不可能知道自己什麼時候死。如果知道了，也就麻煩了。一個人知道自己的確切死亡之期，這不是他的幸運，而是他的不幸。他可能因此而頹廢，也可能因此而沮喪，他可能因此而落魄，也可能因此而無所事事。而且隨著死期的來臨，他以及他的家人，將漸漸失去生活的樂趣，如果每個家庭成員都知道這一死期，他們或者會對「生」而失望，或者會對「死」而麻木不仁。

我們想一想死刑犯好了。現在傳媒常常以此為題。寫死刑犯臨終前的狀態。這狀態，真正是又焦心又無奈。舊社會，死刑犯走上刑場的時候，總要喝得酩酊大醉，大叫「二十年後還是一條好漢」。現在這場面沒有了，替代這場面的，乃是一個一個的不眠之夜。

　　人不知道自己的死期，因而更能有效利用自己的生命。筆者的一位在商學院工作的朋友，在他去世前的一周，我們還在一起聊天，他告訴我，自己雖然年紀大了，但沒有什麼大病，只是有些時候，有點哮喘，老毛病了，不礙事。另外肝上有個囊腫，大夫說沒什麼大關係。他告訴我，等過些日子，把它拿掉，雖然沒什麼大妨礙，留著它幹嘛？我們聊得很高興，於是作別，於是各自回家。然而，幾天以後，他去世了，死於那所謂「不礙事」的哮喘病。這是一位認識不久，又謀面不多的朋友。然而，我聽到他的死訊時，還是要大吃一驚。而且，音容笑貌，久久不去。

　　現在看來，他不知自己的死期，未必不是一件幸事。倘若知道自己的死期，他的這一周一定過得太艱難太傷感太沉重。由此想到，一些不經事少品位的醫生，喜歡當面或者背後宣判病人的「死刑」。比如剛剛提到過的張聶爾女士，是有大夫預測過她的生命不超過 3 個月的。然而，她不僅活過了 3 個月，而且從患癌症至今，已經活過了 23 個年頭。

　　但我想，即使是張聶爾，聽到那樣的預測，一定狀如「驚雷轟頂」。而且，事實證明，這醫生的預測是錯誤的。退一萬步，即使有那麼一天，人人真的對於自己的死期持無所謂的態度了──至少我不相信會有這樣的情況，那麼，我依然認為，死期難測依然是一個命運和自然賦予我們的近乎美好的夢。

　　死亡是一個謎，還因為人們無法預測或者無法準確預測自己的死法──到底怎麼死？什麼時候死，不知道，這是一個謎。通過什麼方式死，也不知道，這是又一個謎。當然這個謎與前一個謎略有不同。然而對多數人，甚至很多人而言，至少在相當長的時期內，他們既無法預料自己的死期，也無法預料自己的死法。

　　如果一個人總想著自己怎麼去死，那麼，除非另有原因，這人一定是病了。大體說來，人們不知道自己怎麼死，這是一個謎。由

這個謎而產生的種種後果，常能令人匪夷所思，從而為各種文學藝術創作提供了各種各樣的範本。

人類成員常常不知道自己的死法，是因為這世界上意外的事情太多。所謂天災人禍，所謂福禍無常，所謂「天有不測風雲，人有旦夕禍福」。

天災已是難料，例如水災、火災、震災、風災，加上海嘯、泥石流、山體崩塌，各種災害，不一而足。

還有人禍。人禍，包括戰爭，各種刑事犯罪。也包括一些因為缺乏常識，或者缺乏科學知識或者不遵守各種行為規則而帶來的傷害，比如交通事故一項，其在世界範圍的死亡人數，已經大大超過二次大戰的死亡人數。

科學技術給人類造福，但也帶來傷亡不少。比如年年月月，因觸電而死亡的人，實在不是一個小數目。比如年年冬季，因為用火取暖而煤氣中毒死亡的人數，也一定是個很大的數字。

凡此種種，既是對人生的衝擊，又是對人類的挑戰，而且是通過死亡向人類的挑戰。人類文明的發展史，其實也就是這樣一部對待死亡威脅的應戰史，而且大體說來，我們的應對，——至今有效。但是，道路還長，任務還重，問題還多，壓力還大。人類面對種種死神的威逼，是哭是笑，由我們自己安排。

死是一個謎，還因為死亡的體驗無法傳達。死，是死者的絕密文件，除去死者本人，他者一無所知。

這就是說，一方面，死的體驗，是人人都必然經歷的。因為凡人必死，你想不體驗死亡的滋味都不行。死神要和你握手，你可以拒絕它，但你不能永遠拒絕它，到頭來，這手是一定要握的。另一方面，死的體驗又無法傳達給活著的人。因為什麼？因為當你真正有了死的體驗的時候，對不起，儘管您好心，您想把自己的體驗說給別人聽，然而，來不及了，您老人家已經——死了。

　　但有關於「瀕死體驗」的報導和書籍。《中國青年報》2000年6月8日登了一篇題為「人是如何辭世的」的報導。內容不少，但沒有定論，因為那文章的副標題是「瀕死體驗」引起專家激烈爭論」。

　　雖只是一篇報導，並非不嚴肅，不認真。瀕死體驗也叫死亡測驗，文章說：

　　在德國，曾進行過一次「死亡試驗」，參加試驗的有42名年輕力壯的男女志願者。

　　「死亡試驗」的確很簡單：利用藥物，使42名志願者處於與死亡相似的完全失去知覺的境地。在22秒的短暫時間內，志願者各有所獲──有的看見彩光，有的看見了親友；有的看見了自己發著靈光的「靈魂」從自己的肉體中「逸出」；有的看見了一條發光的「隧道」。轉引自2000年6月22日《報刊文摘》第3版。

　　而且，從報導以及相關的書籍中看，很多瀕死者，死前並不痛苦，不但不痛苦，且有著十分奇異的身體體驗。這篇報導還引一位65歲的「死而復生」者的回憶說：

　　我記得自己好像一朵輕雲一般，逐漸由我的內身上升到天花板。醫院的牆壁與鐵門都阻擋不了「這時的我」。我很快地飛出醫院，以越來越快的速度，飛向虛無漂渺的太空。接著我又以極快的速度，在一條無止境的隧道中前進。在隧道的另一端，我看到有一點亮光；這個亮光越來越明亮，越來越大。當我到達隧道的盡頭，那光竟變成強烈無比的光源，我的內心充滿喜悅和愛，我不再有憂慮、沮喪、痛苦與恐懼。

　　人之將死，竟有這般「美妙」的感覺，可說是善始善終，而且縱觀一生，好像有點哭著來、笑著走的意思，或者說來的火爆，走的安詳。

　　這樣的體驗，我的一個至交也曾有過。但具體情節有些區別。我朋友的感覺是：好像躺在一架車上，這車也絕不令人痛苦甚至還

有些舒適的。但它飛快地向一個方向弛去。車的前方,彷彿有著數不完的關閉著的大門,但車一到,門就開了,通過了一道門,又面臨一道門,到了某個地方,他似乎覺得那就是陰間的府第了,然而,這車即臨而不達,雖然依舊飛馳,卻駛不進這陰間之門。

有研究者說,西方人基督徒多,到了瀕死的時刻,腦際中出現天堂或類似天堂的景象,順理成章。中國人的神鬼觀念強烈,雖有天堂之說,不及陰曹地府的印象深刻,有點別樣的體驗,也很正常。

然而,認真地說,準確地說,這都不是死亡體驗,畢竟「瀕死體驗」與「死亡體驗」還有本質的區別,充其量,那不過是短時或較長時間的休克罷了。

休克不等於死亡,其理不辨自明,正如睡覺不等於休克一樣。否則,上床之前,先對眾人言道,你們忙罷,我去休克一會兒──這不成相聲了嗎?

死的體驗,可以有,不能傳達。古來中國人對此思考不多。但也有些有趣的記載。且說一個大盜,臨刑之前,對劊子手說,把刀磨快些,來個痛快的。到了彼時彼刻,一刀掠頭,頭顱飛出,好像那頭顱還在大叫「好快刀」的模樣。

那麼,真的叫出「好快刀」三個字沒有呢,語焉不詳──不確。

這種體驗算不算死亡體驗呢?也很難說。

而且,這種「好快刀」的感覺,是一種比較呢?還是一種感覺呢?要說比較,畢竟砍頭只是這一次,又和什麼去作比較。要說感覺,似乎是有些感覺,然而,這種感覺還容得你「想一想」嗎?

真的容得你想,那麼,也只是想到刀快,而沒有想──體驗到死了。

沒有體驗到死就死了,這可以算作死亡體驗嗎?

縱然算是,也是特例,這只是沒有體驗的體驗。而沒有體驗的體驗,又有什麼意義呢?

死亡體驗無法傳達，因此，這是一個無解之謎。

死亡之謎，還不止於此。

最令人驚異的是，人類歷史發展到今天，甚至連什麼叫死亡，都產生了疑義。

從辭彙的豐富性上看，漢語無疑對死亡有著多樣性指征，這些描述有褒義的，也有貶義的，有雅的，也有俗的。

最平常的說法，自然是──死，然這不是敬稱，也不是狹義的貶謂。

形容死的漢語辭彙包括：

去世、逝世、辭世、離世、別世、晏世、故世、仙逝種種。

形容皇帝去世的，另有專門名詞，如駕崩。

通俗且婉轉的有：

走了，沒了，以及「老」了。

如我的家鄉，常用的一個說法是：老了人了。

老了人了，就是人死了，但絕不等於人老了。

還有：

閉眼了，伸腿了，蹬腿了。

以及北京土語：

ger 兒了，

ger 屁了，

ger 屁著涼了，

再加上一個：ger 屁著涼大海棠了。

但在這裏，都是表示「死」，是對「死」的另一種說法，而不是判斷是否死亡的。帶有判斷性的關於「死」的詞語，則有：

斷氣了，沒氣了，咽氣了。

或者，換一種方式，叫作：

斷了氣，沒了氣，咽了氣。

這些說法，實際上代表了傳統中國人對於死的標準的基本評價。

什麼叫死亡？

就是沒了或者斷了或者咽了氣了。

所以我們常常在電視鏡頭上看到，一個人死了，旁的人會在他的鼻孔下用手試一試，看看這人還有氣沒有。

這標準，不僅是中國如此，例如「猶太經典關於死亡的基本定義是呼吸的停止，同時也考慮到心臟的停止。」[1]《巴比倫猶太教法典》的釋文《修辭》篇中說「根據什麼來找證據（說明這個人是活著的）？根據他的鼻子（看他是否呼吸）。有時也可以根據他的心臟（看是否在跳）……」[2]

但相對而言，我們中國人對於「氣」則更為重視。

中國人重視「氣」。漢語概念中的「氣」，不但具有自然屬性，而且具有醫學屬性；不但具有醫學屬性，而且具有武學屬性；不但具有武學屬性，而且具有哲學屬性。

氣是如此之重要，沒了氣，當然就是死了。

把沒氣即是死亡換成科學的說法，即循環系統停止了。

循環系統不止於呼吸，還包括血液循環。

於是，在醫學上，對於死亡就有了不同的標準。

一個標準，循環系統，包括呼吸與血液系統均終止了，即認定是死亡；

一個標準，上述系統還在繼續，而大腦已經停止活動——腦死亡了即認定死亡。

這兩個標準是不同的，一般地說，前一個系統——循環系統——終止了，那麼第二個系統必然終止。

---

[1] 見 2000 年 6 月 22 日《報刊文摘》第 3 版。
[2] 同上。

反過來講，大腦已經死亡的，循環系統未必就終止了。

於是有了植物人這個概念。即病人的大腦已處於死亡狀態，但他的循環系統尚在活動，或者通過某種外部幫助還可以繼續活動。

這樣的情況，作為常閱讀報紙的現代人，恐怕不會陌生。一些病人，其實已經無恢復腦知覺的希望，但他的循環系統仍在活動著。就這樣堅持了一年、二年、三年，甚至更長時間。

於是，醫學界就有人提出，這種活法其實毫無意義。而且浪費了國家或者個人大量資財。

理論界也有人提出，所謂耗費國家大量資財，實際上消耗或者說浪費的乃是納稅人的血汗。

知情者說，其實，一些發達國家，早已確認了新的死亡標準，即腦死亡，大腦一但死去，便宣佈這人已經死了。

知識界說，一個腦死亡者的存在，會給社會，給本來就不發達的醫療機構，給病人的家庭與親屬，給未曾現代企業制度化的單位，實際上也給病人增加了許多無謂的痛苦。

凡此種種，以致在早些時候，有關腦死亡的臨床死亡標準，已經呼之欲出，一些人感到，離法律的認定，似乎也為期不遠了。

但是，反對的理由依然充分。

一個理由，腦死亡主要是植物人的病情是否不能逆轉，如有逆轉機會，宣佈病人的死亡是否過於殘忍，甚致於是否應認定為犯罪；

一個理由，從人類親情理解，病人還有呼吸，有心跳，就宣佈他死亡，相關的親人在感情上無法接受。

很顯然，前一個理由是科學方面的，後一個理由是倫理方面的。

有人會說，這些理由不過是一種美好的企盼罷了。然而事實上，就有昏迷了很久的病人又恢復了知覺的情況。

據《北京晚報》2000 年 8 月 15 日的一篇追蹤報導說：

在深度昏迷近百天後，15 歲少年小凝璞醒了。

我不知深度昏迷與腦死亡之間有多少區別，但據負責小凝璞治療的協和醫院的鄧教授說，「經過這樣長時間的深度昏迷仍能恢復意識的情況很少見，但小凝璞病情仍有反覆，並未完全脫離危險。」雖然如此，從目前的情況看——

小凝璞已由危重監護室轉到普通病房繼續治療，經過針灸和按摩，他的雙腿和左手已能自主活動。

看了這樣的報導，人們也許會產生疑問，如果真的使用腦死亡之標準，這樣的重病人，還有必要去花費如此長時間去救護嗎？

作者本人的親友中也曾有過這樣的情況，我的一個表姑夫，就是在完全失去意識的情況下又活了三年時間。這三年中，他不會說話，對別人的任何呼喚和觸摸也不會作出反映。但他能發出很大的聲音，這聲音也可以理解為呻吟，又可以理解為單純的發聲。但他可以吞咽食物，只要你餵他，他就會吞下去，或者由家人幫助他吞下去。

有支持腦死亡的親友說他其實已經「死」了，而且對我這位表姑和「死」人在一起生活了三年時間，表示深深的同情和憐惜。

中國大陸醫學界已停止對此事的議論，並宣佈且不考慮腦死亡的臨床死亡標準。但這不等於就把問題解決了。

死亡真真是一個謎，因為至今我們連一個科學的能夠滿足各方——醫學界、倫理學界、法律界、輿論界等等——的死亡標準還沒有哩！

三、死的自覺乃是文明的開始

死亡是一個謎。人類對死亡的認識，遠遠沒有終止。然而這不是說，人總和動物一樣，對於死亡沒有自覺。

實際上，人類對死亡的自覺認識，也是人類區別於他類的本質性特徵之一。

動物對死缺乏認識，因為它們沒有相應的文明素質作支撐。常見的表現是，它們往往缺乏對死亡的預見，從而也缺乏對死亡危險的認識。

一個猴子在懸崖上跳躍，它不知道害怕，這不是說，它永遠也不會摔下來。或者說，即使摔下來也無所謂，而是說，它沒有這個意識，它意識不到一旦「失手」——就有可能粉身粉骨——於是它也就根本不知道害怕了。

人不行。人可以在平地上飛跑，即使劃出 20 釐米寬的跑道，人依然可以飛跑。但如果把這 20 釐米寬的跑道移到懸崖峭壁之間，上有懸崖，下有峭壁，扶無可扶，靠無可靠。無論如何，人是不飛跑的了，因為他知道，那裏孕育著怎樣的危險。

動物真實有死亡恐懼，甚至有人認為動物還有死亡預感。我的鄉人常說，貓會尋死地。等它老了，快死了，它便會離家而去。所以，養貓的人固多，發現死貓的卻是極少，除人為地將其殺死者外。

事實是否如此，我這裏不能斷言，但動物有死亡恐懼是無可懷疑的。比如牛、羊，臨屠之時，是會流淚的，照二千年前孟軻夫子

的觀察，牛死之前，還要因恐懼而觳觫，而且他老人家是絕不忍心看牛的觳觫的。

觳觫者何，就是哆嗦，說得文點兒，即恐懼顫抖之狀。

魯迅先生對此不以為然。而且他看到那些無憂無慮，走向屠場的胡羊的時候，還寫過一篇雜文，題目叫作〈一點比喻〉。文中說：

這樣的山羊我只見過一回，確是走在一群胡羊的前面，脖子上還掛著一個小鈴鐸，作為智識階段的徽章。通常，領的趕的卻多是牧人，胡羊們便成了一長串，挨挨擠擠，浩浩蕩蕩，凝著柔順有餘的眼色，跟定他匆匆地競奔它們的前程。我看見這種認真的忙迫的情形時，心裏總想開口向它們發一句懸不可及的疑問──

「往那裏去？！」[1]

先生看到的，是走在奔向屠場路上的胡羊，它們還不知道害怕哩！但我想像它們既入屠場之門，見到那些手挽鋼刀，身上沾著斑斑血跡的屠夫時，是會恐懼的──以人作比，就是不見棺材不落淚了！

我小時候是見到過宰殺胡羊的情形的，那些被捆著的羊，絕不像豬一般地發出振耳欲聾的叫聲，它們也叫，但那叫聲恰似柔弱的歎息。而且，確確實實有的羊兒在流下淚來，使看見的人，尤其是如我一樣的孩子們，產生不忍之心。

不但牛、羊，就是人見人憎的老鼠，也知道死亡的恐懼。老鼠見到貓的時候，是會拼命逃跑的。見到蠍子，還要發恨，寧可冒被蜇的危險，也絕不放過這一頓美餐。但見到蛇的時候，就不同了。老人們說鼠子見蛇，連跑都不會跑了，只會前爪亂撓，狀如數錢。但我想即使它跑，也必定是死路一條。耗子先生會鑽洞，人家蛇公公就不會鑽洞了嗎？誠所謂寇能往，我亦能往，縱不曾觳觫成一團，也一定絕望得很。

---

[1]　《魯迅，「華蓋集華蓋集續編熱風」》，中國文史出版社 2002 年版第 269 頁。

　　然而，人畢竟不同。

　　人是文明的動物，因此，人類對死亡產生了自覺。

　　人類關心死亡，非任何物種可比，人類對死亡的思考，敬畏，更非它類可比。

　　人類不但關心死亡，而且要發問：

　　人為什麼會死？

　　人會不會不死？

　　人怎樣才能不死？

　　誰決定人的生和死？

　　人死後又將如何？

　　以及，人為什麼要死的有價值。

　　美國心理學家馬斯洛曾發現著名的需求理論，即人的需求由低而高，在滿足了低等的需求之後，必然產生高一級的需求。即首先是生存需要，然後是安全需要，再後是人際交往的需要，接著是自尊的需要，最高的則是發展和完善自己的需要。

　　為此他畫過一個階梯需求圖：

　　自我實現的需求

　　尊敬的需求

　　社會的需求

　　安全的需求

　　生理的需求

　　這個圖至少在中國大陸曾經產生過廣泛的影響。之所以有這樣的影響，因為它確有道理。

　　其實，人類的需求也遵循大體相通的原則。對於早期人類而言，其生存和安全需要顯然處在更為重要的地位。

　　而這二者都最直接關乎著生和死。

　　沒有食物或食物長期不足，那麼，是會死的。

而任何一種大的災難都可以產生食物的短缺。

食物之外，還有種種其他危險，如火災，如水災，如地震，如各種動物的襲擊，如部落間的生死格殺，如勞動特別是狩獵中遇到的種種危險，毫無疑問，這些都關乎人的死亡。

不僅如此，還有疾病的危脅──儘管早期人類所患的疾病大約遠遠沒有現代人所遇到的疾病種類之多，然而，治療手段卻又有限。疾病之外，至少孕婦和兒童的死亡率很高，而人的壽命和現代人相比又很很短暫。唐朝人還說「人生七十古來稀」，那麼，在遠古的時候，人類的壽命無疑是更為短促的了。

或許可以這樣說，遠古拓荒時代的人類，最早的精神生活，乃是對生的敬服與對死的困惑。

因為對生的敬佩，所以就有了對生殖器的崇拜──何以那麼兩個小小的玩藝兒，就可以產生出新的生命來？

因為對死的困惑，所以就有了巫術──人死了，而屍體還在，那麼在屍體之外，必定是另有靈魂的了。而能拿去或送還這靈魂的，必定是一種超人的神秘的力量，於是巫術便有了大行其道的土壤。

一般地說，原始宗教之所以產生，正是出自死亡的關注與思考。而傳統宗教則主要是對人生苦難的關注與思考。基督教在西方的盛行，固然有眾條的原因，其中最重要的原因，則是西方彼時出現的大動盪，大殺戮，大苦難。中國也是這樣，佛教雖在西漢時期已流傳至中原地區，但發展不快，影響也不大，佛教的真正的發達與漢末及魏晉南北朝時期的大動亂，大苦難有著內在的聯繫。

不但傳統宗教，即使現代宗教，也與人們的精神困惑有著特別的關係。以西方發達的國家為例。吃不飽穿不暖的日子早已經過去了，對死亡的集體恐懼時代也已經過去了。但人類依然需要精神撫慰，需要對生命的終極關係，而所謂終極關懷，即對生與死的關懷。

　　所以我們可以說，人類文明不但自人類對死亡的自覺而始，而且人類對死亡的認知歷程，直到今天，猶然與文明與宗教共舞。

　　這裏且說，隨著文明的進步，人類對死亡的認識有了新的飛躍，死的價值開始列為人類文明的必要觀念。

　　人就不同了。投敵而死，就是叛徒；殺人而死，就是罪犯；為正義而死，就是英雄；為父母而死，就是大孝子；為君王而死，又是大忠臣，所以司馬遷說：「人固有一死，或重於泰山，或輕於鴻毛。」

　　岳飛死了，舉世同悲；秦檜死了，舉國同慶。

　　皇帝死了，全民舉哀；賣豆腐的王小二死了，除去親友，哪有悲聲。

　　以至我們今天思來，充不知是死亡左右了文明，還是文明左右了死亡。

四、自殺及其死亡價值的詢問

死亡中有一種特例，是自殺。

自殺對於自殺者而言，時間、地點、方式，後果都明確，似乎沒有任何神秘可言。我想死，於是我自己結束了自己。求仁得仁複何怨，完了，這有什麼可神秘的呢？

然而，無論對於自殺者或者自殺關注者而言，卻又神秘。它的神秘之處在於——自殺者為什麼自殺。

自殺者為什麼自殺，一言難盡。

其中情由，同樣複雜。

世界上的自殺者中，為情而死的，恐怕人數很多。

有的是要殉情，情人死了，自己也不活了。

有的是因為失戀，自己戀別人，別人不接受自己，情急之下，走了絕路。

有的是因為婚戀不成，雙雙自殺。其意若曰：生不同食死同穴，在天願為比翼鳥，在地願為連理枝。

情之為物，萬態千姿，因情而死，千差萬異。不說別的，單說世界上的愛情悲劇中，留下多少纏綿悱惻的故事，又有多少驚心動魄的情節。雖千百年後尤令人痛，令人愛，令人驚，令人思。

然而，看中國人對自殺的評價，其正面的很少。我們從祖先始，即稱自殺為尋短見，短見者，沒有長遠考慮之謂也。但那情況，卻又複雜。

　　有為國難而死的。自殺於國難的國人中，最為著名的人物就是屈原。我們不知道，屈原是不是中國為國難而自殺的第一人，但我們可以說，自屈原以後，每當國難，必有以身殉國者在。這種情況在劇烈民族衝突時期表現得尤為突出，南北朝如是，宋如是，明如是，連那個腐敗透頂的清王朝，亦如是。

　　也有為朋友而死的。古之義士，為朋友兩肋插刀，這朋友的事業或許與國家有關，或許只是個人的私欲，然而，既為朋友，便不惜一死。勇猛超凡者，便作刺客，刺客意在殺人，但這裏也有自殺的因素在，因為即使刺殺成功，本人的命怕也難保。如專諸刺王僚，要離刺慶忌，荊柯刺秦王，不管刺殺是否成功，刺殺者毫無例外，都將慷慨赴死。

　　不能赴死者，便以死為朋友壯行。昔日信陵君赴趙，他的門客侯嬴，年事已高，追隨公子則不能。不隨公子則不義，不能不義之間，便選擇了自殺的方式。他以自己的生命表達了自己對朋友的情感。所謂「非但慷慨獻奇謀，意氣兼將身命酬。向風刎頸送公子，七十老翁何所求。」

　　更多的則是為壓迫而自殺的。如中國人所共知的楊白勞，楊白勞雖是文學創作，但他有充分的現實依據。人窮借債，債款難還，走投無路，唯餘一死。

　　有為復仇而自殺的。一種是以自殺達到報復的目的，自己深受欺壓，無力反擊，於是死個樣給你看。便以自己的命作為報復的籌碼，看你逼死了人，要不要償命。

　　更有甚者，雖有復仇之心，已絕無復仇之望，因為這世間實在是太沒有正義了。於是狠下一條心，便學李慧娘，學閻婆惜，學敫桂英。李慧娘死在權奸賈似道手裏，生不能報仇，死也要化作厲鬼；閻婆惜死在宋公明手裏，但起因與張文遠有關，於是，癡情難忘，便找張郎奪命；敫桂英死於負心的王魁，陽間沒有公道，便在陰間尋找公正。

　　還有為抗議而自殺的。最典型的表現方式，就是絕食。面對強權，進行絕食，這方式始於西方，多發生在對強權者的抗議行動中，也出現在監獄中。但舊時的中國監獄，絕食也沒用。面對皇帝老爺，絕食更沒用。你不絕食，沒准都不給你飯吃，你膽敢絕食，便是對皇帝老人家的莫大不忠，便剝了你的人皮，也是你自觸霉頭。

　　這樣看來，絕食還是文明時代的產物。這是後話，暫且打住。此外，也有為疾病而死的。得了不治之症，或者得了痛苦的疾病，不想活了，走上自殺之路。

　　也有為煩惱而死的。煩惱人生，何處不煩，何處不惱，煩不勝煩，惱不勝惱。不勝煩惱，於是自殺。

　　又有為無望而死的。他不是死於彼時的壓迫，而是死於對未來的絕望。瞻念前途，漆黑一團，上下求索，萬無光明，於是百念俱灰，無生意矣。

　　也有為自己的信念而自殺的。這裏說的還不是因為信念的絕望而死，而是因為堅守自己的信念，按照這信念的邏輯發展，既要保持信念，就應該去死。其中最著名的人物，乃是馬克思的二女兒和她的丈夫。他們老了，覺得自己的生命已經沒有意義了，於是採取了自殺的方式。為信念而死，令人敬重，雖然我們未必同意這種特別的選擇。

　　最特別的，則是什麼也不為，就是不想活了。他人說的活膩了，自己說的活夠了。一個人不想活了，縱然有九頭牛也拉不回來，他一心想死。現代醫學證明，這是因為他病了。

　　自殺之謎，一是謎在自殺的心理活動上，二是謎在對自殺者行為的評價上。

　　同樣的環境，同樣的處境，為什麼張三不死，李四就死？為什麼張三寧被殺死絕不自殺，而李四沒人殺他，已然自殺。

　　於是，有人便說自殺者的意志不夠堅強。老實說，對自殺者作這樣的評價，卻是不仁，而且不忍。人都死了，還能用這樣的語言來評價他嗎？

　　也有人說自殺者的心理承受能力差。這個恐怕是的。然而，也不盡然。實際上，很多自殺者，心理承受能力並不差。比如日本的三島由紀夫，中國的老舍先生，都是無比堅韌的人士。三島選擇剖腹自殺的方式，可說是個勇敢者。老舍先生什麼沒有見過，什麼沒有經歷過，他的心理狀態，並不次於他人。

　　自殺者留給人們的，常常是千古難解之謎，特別其中一些特殊的文化人物，他們的自殺，尤其令人難說難解。

　　老舍先生的自殺，便有些難解。先生的一生，是經過貧窮的，貧窮不能讓他輕生；也受過壓榨，壓榨也不能使他輕生，反而會激起他更為強烈的不平和反抗；先生又是經過國災家難的，國災家難都不能使他輕生，不但不能使他輕生，他還是抗日文藝戰線中的最堅定分子，而且，還寫下了《四世同堂》這樣一部文學巨著。然而，他終於死於「文化大革命」，自沉於太平湖中。

　　老舍的死，在我看來，是有深刻的文化原因的。他歡迎新中國，希望隨著新中國的發展而發展，希望隨著新中國的進步而進步。然而，他又是有自尊，有原則，有成熟的價值觀念的。解放以後的種種「左」的行動，在他的內心世界，已然一次又一次造成傷害，造成侵蝕，造成壓力，造成無奈。然而，他都接受了。我們看老舍先生 1949 年以後的作品，既有《茶館》這樣的經典之作，也有些很不成模樣的所謂歌頌新生活的作品。然而新生活不作興他，還要打擊他，他的內心深處，一定痛苦多多。如此日積月累，層層加碼，必然極大地傷害了他作為作家的人格和尊嚴。正是在這樣的背景下，「文革」來了，他終於忍無可忍，於是便以自己的死作為對這世界的抗議。

這樣解釋老舍先生的死亡，未知妥否？

更難解的乃是在昆明湖自殺的王國維先生。

歷來有這樣的說法，是說王國維先生的自殺，原因在於「殉清」。

這根據確也存在。辛亥革命前，他是清王朝的秀才，辛亥革命後，他還是清室的供奉。然而，好景不長，1924 年，馮玉祥第一次逼宮，他就險些自投御河。1927 年，馮玉祥再次逼宮，他真的有些承受不住了，留下遺囑說：「五十之年，只欠一死，經此事變，義無再辱。」

然而，王國維並非一個保守者，他的學問，是中西兼顧的，對他影響最大的書，似乎是《紅樓夢》，對他最有影響的外國人，則是叔本華。

一個熟讀深知叔本華的人，不能成為思想上的守舊者。

不錯，他雖然不是一個守舊者，卻又是一個保皇派。然而，清王朝的命運，不絕望於 1924 年，也不絕望於 1927 年，而是絕望於 1911 年。1911 年，王朝遜位，已無希望，搬出王宮，早晚而已。王國維 1911 年不死，1924 年欲死而未死，想來只講殉清，道理不算全面。

「殉清」之說雖然言之有據，但並非通論，例如王國維的知音陳寅恪先生就不同意此說。王國維死後，他曾為王國維撰寫紀念碑文。全文不到 300 字，但字字誠懇，句句入理。文中有這樣一句話，尤其一字一頓，字字千斤——

先生的一死見其獨立自由之意志，非僅關乎一人之恩怨，一姓之興亡。

說王國維的死並不因為「一姓之興亡」，便反駁了「殉清說。」王國維是歷史學家，難道他不知道朝代的興亡，並非理想之絕望嗎？

　　說王國維自殺也不因為「一人之思想」，又反駁了王國維和羅振玉的個人交往。羅對王國維有恩，但也有怨，恩怨相加，已不堪忍，由恩至怨，更不堪忍。王國維乃性情中人，因友人的恩怨而死，似乎也說得過去，但陳寅恪不同意此說，把它否定了。

　　陳寅恪否定「殉清說」，又否定「恩怨說」，並非為朋友護短，陳先生是什麼人，可說是威武不能屈，富貴不能淫的大丈夫，他是不會，不肯，不屑為友人作曲筆的。

　　他的見解是，王國維的自殺，只因為「獨立自由之意志」。

　　那麼這獨立自由之意志，又體現的是什麼呢？

　　是學問嗎？

　　當然不是，因為彼時正是王國維學業上爐火純青之時！

　　是學問之道嗎？

　　顯然也不是，王國維的學問探索，並未遇到無可逾越的困境。

　　而且他死時虛歲 53 歲，實際上不過 51 周歲而已。51 歲，正是社科研究的黃金時期。此時此刻，王先生撒手人寰，論其學問之事，可說殊不可解。

　　而且他死前十分平靜，他自殺前 3 天，與朋友說到頤和園，還說：「今得乾淨土，唯此一潭水出。」自殺前一天，學校放暑假，他還參加了放假前的師生惜別會，晚上寫好遺書，然後「熟睡如故」。

　　世界上自殺者多，然而在自殺前，能熟睡如故的能有幾人？

　　王國維一生，頗不平靜。早年喪父，中年喪妻，老來喪子。家門是不幸的，然而他沒有死；他一生朋友不多，關係最重的朋友，竟至反目，也是他人際關係的不幸；他擁戴王室，堅信修、齊、治、平的儒學理想，然而，這理想已然沒有多少希望；他孰讀深知叔本華，但這叔本華又是一個基督教者。凡此種種，都在他內心深處種下了自殺的種子，待到某個時機，便釀成了這學界，這人生的一大悲劇。

然而，上述云云，也不過是後人的一種分析而已。

更有眾多的自殺者，連分析都無從分析，留給後人的只是一團謎團，一聲驚歎。

何況說，自殺本身，往往成為悖論。至少對相當一部分自殺者而言，自殺是一種悖論。其表現特徵是，凡真的自殺者，都把自殺作為自己內心一種絕對的秘密，他一定不對第二人言。

自殺是不能說的，一說，就自殺不成了。或者說，一說，就成了情緒的定性，然後——就不死了。

比如那些動輒大叫跳河、上吊、吃安眠藥、拿快刀抹脖子的自殺者，其實不過是一種情緒表現罷了，他的本意，並不在自殺本身。

自殺是一種迷惘，我看過一篇報導，一位年輕的教員，為了自殺，把一枝筷子捅進自己的食管中去了，於是大痛苦，每一咳嗽，便痛苦不堪。後來，她的家人陪她到北京的一家醫院，為她解除了痛苦。

這行為的不可解處在於：為什麼自殺，因為痛苦；而自殺的結果卻造成了更大的痛苦。按常理說，那就更該自殺了，然而，不，她不再自殺，而是尋找醫生的幫助。應該說，這小姐很聰明，終於走到正確的方向上來了，可慶可賀。

自殺還表示了另一種悖論。

照理說，人世之間，死是最難的最苦的，如果這個道理成立，那麼試問一切自殺者，你連死都不怕，難道還怕活嗎？

要特別強調的是，對於古代人而言，自殺的原因或許多在於外部；他自殺，因為他窮，因為他苦，因為他沒有了生路，而對於現代人而言，在正常的情況下，自殺的原因卻大多只與自身相關，特別是與其精神因素相關，換言之，他自殺是因為他病了，比如患上了嚴重的憂鬱症。

　　憂鬱可以成病，也是古代人難以理解的，例如你讓梁山好漢理解什麼是憂鬱症，怕是有點難度。但在現代生活中，卻是一種常見的病症，而越是發達國家，這病症似乎越具有廣泛漫延的趨向。

　　而且憂鬱症患者，常常是那些生活狀態還很不錯的人。他們憂鬱，並非因為生活困苦，或者生存壓力太大，或者遇到了某種無法抗拒的不公正。憂鬱症在相當程度上，乃是一種所謂富貴病，甚至在旁人看來，他是樣樣皆好，然而，他的精神卻是苦悶的，無奈的，甚至無以自拔的，白天精神倦倦，夜晚久久難眠。

　　憂鬱症非常痛苦，這痛苦常常具有莫名其妙的性質，而莫名其妙的痛苦才是更深層次的痛苦。其極端的表現，即自殺行為。

　　因憂鬱症而自殺的行為，乃是雙重的悲劇。從而也應該得到社會的更多關注與同情。

　　從這個角度看，對於自殺，既不應該抱著任何神秘感的態度去看待，也不應該抱著任何道德感的姿態去審視，如果非要追究其自殺後面的死亡價值的話，那價值就在於，它是對於不健全的社會與精神保護環境的一個警示，一種反叛，一種代價巨大的生存抗議。

五、死的懲處與表彰

　　人類創造了文明，文明塑造了人類。那情形，彷彿人類創造了語言——人會說話了，但語言又有它自身的規則——話在說人呢！

　　文明是一個系統，不是一人一時一事之事；

　　文明是一個制度，而制度不等同於文明；

　　文明有自己的價值標準，並以這標準肯定和否定它所面對的一切。

　　文明既給人類以進步，又必定造成人類的相對犧牲。在這個意義上，可以說文明是人類以血與汗、生與死所澆鑄而成。

　　動物界也有弱肉強食，但絕不如人類之甚也！

　　動物界也有分工，比如蟻群中既有蟻王，也有工蟻。工蟻一生，忙忙碌碌，日以繼夜，到死方休。蜂房中有工蜂，又有蜂王，工蜂如工蟻，一生辛勞，無止無休，蜂王的任務只是生育後代，除去生育，無所事事。於是人類稱其為蜂王，但它不是真正意義上的王，它和雄蜂、工蜂的區別，只是為著種的藩衍而必須進行的分工罷了。

　　人類則不同，成熟的人類文明，自奴隸時代開始，奴隸雖然與貴族、與平民同根同種，但絕然享受不到人的待遇。奴隸主貌似蜂王，又不是蜂王，他們是真正人間霸主；奴隸貌似工蜂，卻絕不似工蜂，工蜂的勞作是本能的，奴隸的勞作是被迫的，他們白天要勞動，晚上要上鎖，甚至在極端惡劣的工作間，還要頸上戴著枷鎖，腳上栓著鐵鏈。工蜂雖然辛苦，並不受蜂王的壓迫，奴隸不但要挨罵，而且要挨打，嚴重的還會受到更其嚴重的傷害，被強姦，被致殘，被殺頭，被肢解。

37

文明代表的是一種價值認定，它所肯定的，就要表彰，它所否定的，就要懲罰。它最為肯定的，乃是那些為著實現這價值而獻出生命的人，它的極端否定方式，便是讓這否定對象去死，把這否定對象處死，而且一定想方設法讓他們死得越痛苦越好。

那對象死得越痛苦，它就越高興，不但高興得哈哈大笑，而且高興得手舞足蹈。

有一本書，叫作《人類死刑大觀》，對人類歷史上種種的酷刑，多所論述。且不說那內容，只看那目錄，已經令人不寒而慄，甚至生出「人愧為人」之感。其主要目錄如下（序號為引者所加）：1.用動物行刑，2.割喉刑，3.剖腹刑，4.投擲刑，5.餓刑，6.囚籠，7.長期監禁，8.十字架刑，9.活埋，10.木樁刑，11.活剝，12.肢解，13.凌遲，14.碎身刑，15.碾刑，16.火刑，17.烤刑與炙刑，18.鋸刑，19.箭刑與貫穿刑，20.毒藥，21.吊刑，22.鞭刑與棒刑，23.車輪刑，24.磔刑，25.扼殺，26.絞殺，27.以石擊斃，28.溺刑，29.絞刑，30.斬首刑，31.斷頭機，等等。

發明這死刑的區域，從東直到西，發明這死刑的民族，從南直到北。人類在這一點上可謂表現得空前一致！

死刑方式如此之多，我們可愛的先人們是太有想像力了！

這裏舉幾個例子。

例之一，「活剝」。活剝，東西方都有。古印度也有，而且古印度人面對活剝還要來點幽默，他們把這種慘無人道的酷刑，稱之為「小火去細毛。」

何為「小火去細毛？」「即用火把灼燒皮膚，直到活肉徹底附著在身體上與皮膚分離。」而且身體要烤到三分熟最好，犯人因此要承受數大慘無人道的折磨。[1]用火把燒灼犯人，直至烤到肉與

---

[1] 〔法〕馬丁・莫內斯蒂，《人類死刑大觀》，灕江出版社 1999 年版，273 頁

皮分開，而且要把人燒到「三分熟」為好，犯人為此要受數天的折磨。

就是一隻烤鴨的命運，也比這種酷刑好上一萬倍哩！這真是一門「藝術」啊！

人類殺人，不但講「藝術」，而且講「科學」。中國古代的刑具，是有嚴格的標準的，比如行刑的棍子，長幾尺，寬幾分，都有嚴格的規定，而且中國醫學雖然缺乏解剖學傳統，中國的刑法卻十分合乎人身解剖的原理，以致魯迅先生查撿到所謂幽閉的行刑方法時，都要為之震驚不已，感歎不已。

但這「科學」不獨中國為然，比如法蘭西在對犯人施行水刑時，對水的數量要求，也有等級標準。作者就此寫到：

這種以「水刑」著稱的死刑，是讓犯人攝入過量的水。讓罪犯直躺在一條橫槓上，而且讓他擺好一種很痛苦的伸展的姿態。劊子手慢慢地但不間斷地把水倒入漏斗中，漏斗深深地插入犯人的喉部；或者將水倒在一塊蒙嘴巴的布上，阻止犯人的正常呼吸。在受刑者想方設法吸氣時，其實他吞下了水，並慢慢地窒息而死。[2]

殘酷固然殘酷，並非無章可循，作者介紹說：

這種酷刑在法蘭西還有章可循：

「小刑訊」九升水，「大刑訊」或「特大刑訊」18升水。

我們中國，因為是文明古國，所以在酷刑的殘忍、「科學」、「藝術」、殺傷力和恐怖性方面，絕對不能比任何一個國家和民族落後。只是我們這些後人，有為「賢者諱」的美德，在提到中華古代文明的時候，不是把它們忘記了，就是假裝不看見就是了。

---

[2] 《人類死刑大觀》，第 96 頁，灕江出版社 1999 年版。

　　古代中國，不但酷刑厲害，而且動不動講究滅門，而且不滅門則已，一滅門，就要滅門三族，滅門七族，滅門九族，甚至滅門十族。

　　大改革家商鞅，是被滅門三族的；

　　西漢首屈一指的軍事家韓信也是被滅門三族的；

　　明代大將藍玉還是被滅門三族的；

　　刺殺秦王的燕趙勇士荊柯則被滅門七族；

　　不肯歸順明成祖的方孝孺竟被滅門十族。

　　人親只有九族，沒有十族，但帝王一怒，何所不為。因為方孝孺是彼時儒學宗師，天下門生甚多，就把他的門生殺掉，作為「十族」。

　　太可怕了！

　　然而更可怕的是，人類在幹著這些勾當的時候，不但以「法」的名義，而且以「禮」的名義，還要以「神」的名義。他們殺你，害你，剮你，剝你，自有充分的理由在，就是沒有什麼理由，只管「莫須有」三個字，難道就殺不得你，剮不得你嗎？

　　秦二世殺李斯，有什麼理由？

　　漢武帝殺戾太子全家，又殺鉤弋夫人，有什麼理由？要知道，戾太子是他的親生兒子，鉤弋夫人是他的寵妃哩！

　　曹操殺孔融全家，有什麼理由？

　　明英宗殺於謙有什麼理由？

　　崇禎皇帝凌遲袁崇煥有什麼理由？

　　理由多得很，比如崇禎凌遲處死袁崇煥，是說他賣國通敵。然而歷史證明，這不過是皇太極略施小計，也不過證明剛愎自用的崇禎皇帝是個大昏君罷了。

　　理由總是有的──墨索里尼總是有理，說你是黑，你就是黑，說你是白，你就白，皇帝都說炭是白油了，你不信，不是找死嗎？

這道理也不獨中國為然。在想當初的大英帝國，就有處人以絞刑的「300種理由」。例如：

1533年規定要剃掉鬍子，否則將被絞死。

1762年，一個名叫安托瓦內特·圖塔的僕人，因為偷了一塊製作精美的小餐巾而被吊死在格雷伏廣場。

然而，文明總是要發展，必然要發展的，文明不發展，將有死亡在等它；人類不發展，則將成為過氣文明的殉葬品。

一方面，是嚴厲懲處那些犯罪者和所謂犯罪者，另一方面，又要極力表彰那些合乎所謂文明和文明理想的犧牲者，為他們樹碑，為他們立傳，為他們的子孫做最好的安排，為他們的事蹟做最充分的張揚。

例如，法國人永遠推崇貞德，在他們看來，是貞德拯救了那個時代的法國，而貞德的精神也就是法蘭西的民族精神。

在美國，又要永遠表彰和紀念那些為美國獨立，為美國南北戰爭作出犧牲的人們，他們作為美利堅合眾國的英雄人物英名不朽，永世垂範。

我們中國，由於歷史悠久，更是英雄輩出，數不勝數，其中一些最最著名的人物，如屈原，如岳飛，如文天祥，如于謙，如袁崇煥，如關天培，如鄧世昌，同樣受到人民的愛戴和崇仰。

歷史英雄是文明的精魂，不論那個時代，都需要這樣的人。你不要說，這是什麼時代了，要講英雄，本人不喜歡聽他。他不喜歡聽，英雄人物依然存在，你不喜歡看，英雄人物依然存在。實在，如果沒有這一批又一批英勇無畏，前赴後繼，甘於拋頭臚，甘心灑熱血的英雄偉人存在，就沒有中國抗日戰爭的勝利，就沒有第二次世界大戰的勝利，就沒有與各種自然災害鬥爭的勝利，所謂現代文明云云，也就沒有存在的基礎。

實際上，英雄人物，並非只是表現在戰場上，或者只表現在與各種災難的抗爭上，或者只表現在對各種惡社會勢力的反抗上。就

在今天，處在和平時期、和平國度的地方，依然需要英雄，需要勇士。比如打擊販毒制毒，就需要英雄和勇士，打擊各類刑事犯罪也需要英雄和勇士，就是保護自然環境不被侵害，保護珍稀動物不致滅絕同樣需要英雄和勇士。

例如，戰鬥在中國青藏高原可可西裏地區的野耗牛隊，就是這樣一群真正的英雄。他們生活艱苦，裝備簡陋，經費不足，處境困難，然而，為保護那些珍貴的藏羚羊不致滅絕，他們頑強地存在著、生活著、堅持著、戰鬥著。他們的行為不但得到中國人民的敬重，而且得到世界人民的尊重。美國《洛杉磯時報》都曾對他們的堅苦卓絕的生活狀態，作過生動的報導。報導說：

夜幕降臨了。汽車前燈亮了。成百頭懷孕的藏羚羊向危險地帶狂奔而去。槍聲四起，藏羚羊嘶鳴不止。飛揚的塵土染成了粉紅色。……第二天，幼羚羊依偎在死去的母羚羊身邊，吮吸著它冰冷的乳頭。這些小羚羊的母親已經因為珍貴的毛皮而在偷獵者的槍口下喪命。

這種記憶使那些體格強壯的西藏漢子在講述時淚如雨下。他們因此犧牲了健康的青春，靠乾澀的面色和融化的冰水仍在追捕偷獵者。

我欽佩──由衷地欽佩這些為了中國的環境保護而奮鬥而犧牲的英雄們。但我也由此而引起種種感慨。

中國是個大國，中國正在進行現代化，中國大陸年生產總值已經達到 12 萬億的數字。難道連這最末一塊藏羚羊生存土地都不能保護嗎？

中國作為一個正在進行現代化建設的國家，難道連這一點環境意識都沒有了嗎？

中國作為一個發展中的首屈一指的經濟大國，難道連這一點經費都拿不出來嗎？

如果真像那篇報導中寫的，在 8 至 10 年之內，藏羚羊將走向滅絕，那麼，這一代中國人，尤其是負有政治責任和領導責任的中國人，將難辭其咎！

然而，在古來的文明中，他們所表彰的許多犧牲中，已經不合乎今天的文明觀念，有些則為現代人所不屑，有些則為現代人所不齒，有些則為現代人所鄙視，有些則需要現代人作出新的思考。

比如為著貞節而死去的千千萬萬個節婦們。她們的死，真的值得嗎？

比如為著忠於某個皇帝某個王朝而獻出自己的生命的作法，不值得反思和懷疑嗎？這些問題，稍後再講。

六、死亡中的宗教與文化

對文化的重視，古已有之，於今為烈。

文化熱，說明文化重要。

東、西方文化皆熱，說明文化無論對東方對西方同樣重要。

現在東、西方文化或者說中、西方文化比較，成為焦點性題目，因為，無論中國民是西方人，都認識到，如果不能理解對方的文化，就無法與對方溝通。而一個不能溝通的世界，顯然是一個充滿誤解、爭議和麻煩的世界。

其實無論東、西、南、北，各種文化間均有同有異，而且同中有異，異中有同，大同小異，趨同存異。

文化的共通性特點，代表了一般規律，而一般規律是任何人也不能否定的。比如牛頓定律，在西方適用，在東方也適用。比如馬桶文明，雖是西方的發明，卻普適於全世界的廁所。你不能說，本人中國人，就楞看皮影，不看電影；或者本人西方人，就只相信上帝，不相信四大發明。

同是一方面，異是另一方面，只見同不見異，不能發現彼此的長處，不能平等對待對方。筆者屢屢聲言，凡歷史上存留的文明在宏觀上，並無優劣可言，但有發展階段的不同。中國小農經濟時代，也曾獨領風騷於世界，但近 500 年來，比不過西方。研究文化差異的目的，就是找出自己的不足。例如認真研究為什麼西方人可以率先進入近、現代文明，而中國人沒有率先進入？為什麼西方近代以

來，科學、技術發展，取得超越千古的偉大成就，而我們中國至今
為止都不能佔據其中任何一個領先領域。

其實，小農經濟無論東方、西方，都是經歷過的，這是同。但
同為小農經濟，彼此又有許多重要的區別。因為這區別，中國的小
農經濟可以經歷千年而自保，西方的小農經濟雖不算發達都引發革
命，以致後來居上，這是異。

比較異同，取長補短，多元共處，共同發展，正是文化研究的
題中應有之義。

研究生、死問題，自然也離不開對文化的研究，雖然這問題的
研究也許不是一本書或幾本書可以窮盡的。

死亡文化，每個民族都有自己的貢獻和特徵，這裏討論的主要
是中國、日本和西方基督文化中的死亡觀念及其比較。

1. 中、日、西三方的傳統死亡觀

中、日、西三種文化，對死亡取最獨特態度的是日本。日本人
經常以自殺作為對人世的最終交代，而他們的剖腹自殺方式更是名
聞世界，以獨特的文化姿態獨立於世界死亡文化之林。

日本人的剖腹，理由眾多，類型同樣眾多，在異族文化者看來，
大約任何一個理由，都可能成為剖腹的由頭。對這些類型和理由，
張萬新先生所著《日本武士道》中曾引了一個表格。表格的主要內
容如下：

剖腹的類型

類型

動機

體位

方法

自刃

自裁戰爭失敗

引責對過失承擔責任

犧牲以自己的犧牲來拯救部下同僚的性命

諫死為了向主君的暴亂行為勸諫

名譽為保住自己的臉面

殉死　a.先腹　b.追腹

比主君先行踏上死途在主君死後剖腹

1 立腹　　2 坐腹

1 一字形　2 二字形 3 三字形 4 十字形

①義腹　　②論腹　　③高腹

為了武士道道義

為了樹立自己的名聲

為給家族、子孫帶來恩惠

詰腹無念腹憤腹刑死

痛飲悽恨之淚的剖腹

憤慨於無實之罪的剖腹

武士所受刑罰

死部腹之死竟然可以有這樣多的類型，讓人瞠目繞舌。

但在日本傳統那一廂，卻是認真的，嚴肅的、莊重的甚至是神聖的。

日本歷史上切腹自殺的人物極多，如曾指揮日軍與俄軍在煙臺大戰的乃木希典，就是在天皇去世後，切腹而亡的，這個就是追腹。

又如在中國文學界久享盛名的三島由紀夫，也是以十分正規的方式，在日本防衛廳切腹身亡的。

三島由紀夫，在他的文學創作中，還專門有一篇關於切腹的小說，那小說同樣寫得具有十足的日本剖腹文化味，而那書中的描寫，和他切腹的情形，卻也是大同小異，好像不是他創造了那小說，倒是他的死亡成為了那小說的翻版似的。

日本人的切腹，乃是一種榮譽，縱然不是勝利者的榮譽，也是一種特定的人格表現。

但那方式，卻是殘忍。筆者年輕時看過日本影片《軍閥》，片子中就頗有幾個切腹自殺的鏡頭，當那鏡頭出現時，場中不但鴉雀無聲，而且很多人會把頭低下去的──我們中國人實在不忍看，也不願看那樣的血哄哄的場面。

這倒不唯中國人而已，據上述《日本武士道》一書介紹，也曾因為日本武士與法國水兵發生口角，結果日本武士傷了 13 名法國水兵的事件。法國人要求日方嚴懲有關的 13 名武士，日本武士中就有 13 個人站出來請求剖腹。「於是日本方面設置了非常漂亮的剖腹座位，邀請法國代表出席。」[1]

法國人出席了，他們認為這只是一種形式，而實際上，卻是一場驚心動魄的剖腹儀式──

在一字排開的土佐藩和幕府的官員面前，武士們著白色裝束個個毫無懼色，從容不迫地開始了剖腹儀式。

據說，看著日本武士坦然地、一個接一個地剖腹，法國代表面色蒼白，有幾個代表當場嘔吐起來。到了第四個人，法國方面再也坐不住了，請求立即停止，然後便逃跑似地退出場去。[2]

---

[1] 張萬新：《日本武士道》，南方出版社 1998 年版，第 163 頁。
[2] 同上，第 160 頁。

　　日本人的剖腹文化，在世界上獨樹一幟，雖然不能說日本人的剖腹就代表了它的全部死亡文化，但說它是日本死亡文化的典型表現，則一點也不過分。

　　中國雖然與日本同屬於東方文化，但在死亡觀念方面，卻有天壤之別。日本人對死亡的態度，與其說是畏懼的，不如說是訣絕的，他們處在困難境地時，便執意選擇死亡。

　　中國文化傳統則不然，我們不希望死，死在中國人心目中，是實在沒有辦法的最悲慘最不能接受因而也是最令人痛心最無奈的結局。

　　中國人雖有鬼神觀念，相信有鬼的世界存在，但又深信人鬼殊途。人一死亡，便成永訣，永訣即永別，永別即一生一世，再也不能見面了，每思於此，便不能不悲自衷來，呈大不忍之態。

　　中國人但有親人離世，便不能不傷心欲絕，與這樣的觀念密切相關。

　　不論什麼樣的死──除去罪有應得者外，中國人對死總是拒絕的，我們深信好死不如賴活著。又深信，留得青山在，不怕沒柴燒。不但如此，我們對於忍辱負重的人生態度還要由衷地敬佩。我們信奉「小不忍則亂大謀」的哲學，以為「退一步天高地遠」。中國西漢的大將韓信，是忍過胯下之辱的，因為他平時總掛著一把劍在身旁，有一個年輕的屠夫看不起他，在大庭廣眾面前，向他叫板，說，你敢殺了我嗎？如果不敢，就請從我的胯下鑽過去。韓信雖是智者，但也沒見過這樣的場面，想了一想，覺得殺人不如鑽襠，就真的從那屠夫的胯下鑽過去了。韓信能忍胯下之辱，最終成為西漢最重要的開國功臣之一。他立了大功，封了王位，還把那個屠夫叫去，給他個官做呢！

　　韓信這樣的情況，在日本人那裏怕是很難想像的，否則，日本的武士道還能成立嗎？在西方騎士世界中，同樣不能成立。西方騎

士傳統，為著一句帶侮辱性的話，就可能引起決鬥。韓信不會切腹，更不會決鬥，決鬥算什麼，勝了不過是殺死個匹夫而已；敗了，連命都搭上了──豈不知人死萬事空，哪裡還有機會作大將軍，下山東，取魏趙，攻六國，做齊王呢？逞一時匹夫之勇，丟掉了指揮垓下大戰殲滅楚霸王主力軍的歷史時機，那才是真正的愚蠢，真真的懦夫呢！

中國人最討厭死，最喜歡生，和我們的家庭觀念深厚也有莫大的關係。中國人熱愛家庭，有時勝過熱愛自己的生命，在某種定義上說，古來的中國人，沒有什麼都可以，就是不能沒有家。

所以每每臨終之時，中國人──大部分中國人，首先想到的是自己的親人，例如自己的兒女。如果兒女不在身邊，他們便很難瞑目，他們會忍受著死神的煎熬，苦挨苦等，一定要等自己的兒女歸來。

中國人不但兒女情深，而且朋友義重，大凡看過《紅樓夢》的人都知道，那秦鍾臨死亡之前，陰間都差「人」來了，但他不肯上路，他要等著自己的朋友。這鬼界的差官本來不肯循私情的，但聽說那賈府的寶玉要來和秦鍾話別，沒轍呀，只能來點變通之法，讓他們二人話別一回。

我們中國人喜生厭死，到了無以復加的地步。而且對於死亡，總抱著一種寬容大度的態度。西方基督徒臨死前是要懺悔的，我們沒有懺悔的傳統。西方人的臨終懺悔，包括請求別人的寬恕，同時自己也寬恕了別人。我國中國人不同，我們對於瀕死的人，往往懷著一種萬事皆歸於善的情感，不用你懺悔，我先原諒你了，所謂「鳥之將死，其鳴也哀；人之將死，其言也善」。

凡認真讀過《駱駝祥子》的人，一定對虎妞沒什麼好印象，雖然後來經別人改編，把虎妞改的善良了一百倍，但那並不符合原書的觀點，頂多只能算作是一種二次再創作罷。

　　虎妞其實糟糕，不但惡習很多，而且行徑也壞。但她臨終之前，對祥子講的那幾句話，卻不能不令讀書人生出些溫柔感傷之情，彼時，她已經因為難產折騰了三天三夜了——

　　這時，她取出最後的幾塊錢，遞給祥子，對祥子說：「好祥子，別心疼錢，等我病好了，一定好好跟你過日子。」

　　中國人渴望生活，熱愛生活，拒絕死亡，痛恨死亡，對切腹之類的事是絕對不會認同的，就是對於自殺，在通常的情況下，也絕不以為然，會說他們想不開，心眼窄，會對自殺者的親屬無限同情。倘若自殺的是個青年，就認為養大一個孩子容易嗎？倘若死者是個成家立業的中年人，又會說這死者真狠心，丟下這麼一大家人，自己去了。

　　中國人不但拒絕死，而且對於任何傷害身體的事都是拒絕的。比如，臉劃破了，星相家稱作破了五官，以為是不吉利的事。儒學的觀點認定，膚髮受之父母，是一生一世不能去掉的。所以中國人的頭髮顯得特別重要，有時重要到與生命等價的程度。即使中國的太監，雖然把那玩藝割去了，但割去絕不丟棄，而是好好保存起來，等到死去，還要物歸原主，讓它和原來的主人一同埋葬。

　　因為有這樣的觀念，所以中國人對於罪犯，才要順理成章地作踐他們的身體，無所不用其極地損傷他們的身體。中國古有五刑，這五刑都是與身體有關的。輕一點的，如笞刑，就是打屁股，屁股雖然肉厚，也會打死人的。重一點的如墨刑，就是在臉上刺字；劓刑，就是割掉鼻子；刖刑，就是去掉膝蓋骨；還有砍頭，還有大辟，還有磔刑。磔刑即萬刃分屍，而且還要一小塊一小塊地去切割，有的還要先割斷受刑者的喉嚨，既讓他受盡一切痛苦，又讓他發不出聲來。

　　由於有這樣的死亡文化觀，所以很多皇帝對某個他要處死的大臣來點恩賜，那恩賜就是不傷害他的身體，讓他全屍而死，俗話說的，留一個囫圇屍首。遇到這樣的恩賞，受賞者本人及其家屬——

51

且不問這受賞者死得有多麼冤枉——他們也該向著皇宮的方向三叩九拜，山呼萬歲，謝主隆恩。

中國人熱愛生命，害怕死亡，到了病重時期，就會「病篤亂投醫」。雖說「病篤亂投醫」又不止於病篤亂投醫，而是醫也投，巫也投，大夫的話也聽，巫師的話也信，既吃中藥，也問偏方，還弄氣功，以至拜佛燒香，燒香許願，種種方式，只要有的，沒有不肯實踐的。

這樣的行為方式，既表現了中國人的求生願望，也反映了中國人的信仰雜亂，無一定之規；既表現了中國人處世的靈活態度，又表示了中國人缺少必要的科學精神。其壞處是：迷信盛行，縱不盛行，總有土壤。其好處是也為中華文化的發展提供了各種各樣的嘗試機會。在我看來，中草藥之所以有如此豐富的內容，和我們祖先的這種求生精神與嘗試精神不無關係。

寫到此，我聯想到，二戰時中國在緬甸與日作戰的一則故事。這故事發生在初次入緬，戰敗而歸的路上，事見《緬甸、中日大角逐》一書，書中說：

新 28 師 83 團團長楊勵初，黃埔軍三期畢業，參加過東征和北伐，抗戰開始又參加過上海戰役。打仗不怕死，人長得也瀟灑，軍裝筆挺挺的，黑皮鞋，白手套，乾淨俐落。

然而，進入野人山後，他病倒了，「最初是發燒，接著小便大便裏帶血，還有一股惡臭。」便血三天，他已經不能走路了，眼看就要「出師未捷身先死。」

然而，一位護理他的老兵，告訴他，他的病有救，只是那辦法有點不好出口，他問什麼辦法，老兵說喝「回龍湯」——

「啥叫『回龍湯』？」見老兵一片好心，團長問了句。

老兵遲疑了好一會，才低聲在團長耳根說：

「就是喝自己便的血呀！」

「叭」，一個耳光抽上來。

回龍湯的事擱下了。但到了晚上，楊團長昏迷，於是忠心耿耿的老兵自作主張，親自動手給楊團長灌了半瓷缸「回龍湯」。

楊團長喝了「回龍湯」，而且喝了三遍，您猜怎麼著，團長的病好了，燒退了，勁來了。雖然他還要大罵：

「喝自己屙的血，我還算個人嗎？『回龍湯』，呸！」

回龍湯能治病，奇不奇，妙不妙，神不神？

但我想，凡是看過《本草綱目》的，大約不會認為這是胡言亂語，或者只是不實的傳聞或作者的杜撰，因為在《本草綱目》中，原本屎也可以作藥材，尿也可以作藥材的。

但論到它的科學程度，我還是表示懷疑。

這個先不說吧，只說中國人的求生態度，真真了不得也。

因此，有人說，中國哲學完全可以稱之為生命哲學。

西方基督教的死亡文化，可是另一番風景。

首先，西方死亡文化，不是採取日本人的極端方式，動不動就要切腹，而且把切腹簡直切成了一種「藝術」。要知道，日本人的剖腹，不但有許多的名目——如上面提到的種種，而且還有各式各樣的切法呢！以切腹為例，就有一字形、二字形、三字形、十字形等好幾種。

什麼是一字形，就是「右手抵短刀，深深刺入左側肋骨下的側腹，一氣以一字形剖開至右側腹。」[3]

什麼叫二字形，即「一字形剖開腹部後，在其上方或下方平行地再割一刀。」[4]

三字形，就是在二字形的基礎上，又添一刀。

---

[3] 張萬新：《日本武士道》，南方出版社 1998 年版，第 162 頁。

[4] 張萬新：《日本武士道》，南方出版社 1998 年版，第 162 頁。

　　而所謂「十字形」則「是先一字形剖開後，再將短刀抽回到靠近臍部處，向臍下豁開，然後將短刀從臍上向喉部劃去。」[5]連評論者都說：「十字形剖腹需要相當的勇氣和體力，被認為是武士道勇氣的象徵。」

　　西方基督教也有自殺者在，但絕不是這樣的極端。他們所追求的乃是死前的平靜，因為在他們看來，生既是上帝的恩賜，死亦是上帝的召喚，上帝召喚你去，你能不去嗎？

　　而且照基督教的教義，人都是帶有原罪的，

　　不是因為人性本惡，一生下來就不是好種，而是因為人類的始祖誤聽蛇的誘惑，吃了禁果，於是犯了原罪，這原罪因此便像無可擺脫的基因一樣，永遠會存在於人類的肌體與靈魂當中，一千代也擺不脫的，一萬代也丟不掉的。所以生時便要受洗禮，死時又要接受懺悔。中國人說：「閻王叫你三更死，豈能推託到五更。」這是一種無奈，凡人惹不起鬼神，您不願死，也沒辦法。

　　基督徒不同。他的生死大權掌握在上帝手裏，所以臨終的時候，理應平靜，牧師與家人對死者的最後祝福是：安息吧！

　　所以西方人病重之時，也不會如中國人那樣的病篤亂投醫的。求醫當然要求醫，祈禱自然也要祈禱，但那是有理性，有規範的。不是說，你剛向上帝祈禱完了，又可以向佛陀祈禱，既出了佛門，又可以向巫師求助。如果這樣，就背離了自己的信仰，大約上帝不但不會原諒死者的原罪，說不定還要把病人原本可以進入天堂的資格取消，便讓這不誠不敬的人墮落到地獄中去，也未可知。

　　求醫也有規範。中國古人也有「信巫不信醫」之說，但這態度不能普遍。西方人縱然遇到緬甸中日之戰那樣的場面，大約也絕不會給教友或戰友喝「回龍湯」的。

---

[5]　同上。

西方基督徒去世時，固然也思念家人，但更重要的是心中要有上帝。因此，懺悔才是最重要的，兒女在身帝固然很好，不在身旁，也有上帝關懷他們，只要能得到上帝的寬恕，那麼就可以而且理應平靜地死去。

死去歸依上帝，讓靈魂飛赴天堂，還有什麼可抱怨的呢？

2. 中、日、西三方對戰爭傷亡的不同詮釋

討論死亡，為什麼要討論戰爭，因為戰爭的目的，就是戰勝自己的對手，而戰勝對手最有效的辦法，乃是解決對方的戰鬥力，而解除戰鬥力的最徹底的方法，就是消滅對方。用通俗的話講，軍隊是幹什麼的，是殺人的，雖然他的本意只能是殺自己的敵人。而戰爭之所以被稱為怪物，就是因為戰場乃是殺人場，而且對雙方而言，都是以多殺人，殺死人為快意的特殊的行為場所。就傳統的戰爭而言，殺的對手越多，則取得的勝利越輝煌。因此，我們討論死亡文化時，不能不討論一下戰爭中的死亡觀。

傳統日本人的戰爭文化，至少與武士道精神有關。所以，日本雖然是亞洲第一個進入工業化的國家，但它也幾乎無可避免地會走上軍國主義道路。雖然個中因素很多，不止於一個武士道精神而已。

日本人對待戰爭的態度，就其主流方面而言，是極端提倡以死相拼的。這是日本軍人的追求，也是他們的所謂榮譽。所以我們看二次大戰，知道日本人在戰場上有一種蠻橫至極的表現形態。他們不怕死，戰勝了，會耀武揚威，戰敗了，也要表達自己的責任，那表達手段，就是切腹。或者如神風敢死隊一樣的開著裝滿炸藥的飛機，直向敵人的艦艇衝去。

　　說日本人的不怕死的精神有如野獸，並非只是一種氣憤，實際上，在日本傳統武士道和軍人心目中，他們的面子──榮譽遠遠高於這戰爭的正義與否。他們只是為自己的武士榮譽而戰，至於這戰爭是否正義，是否合理，那不是他們的事，而是天皇的事，是領主的事，是統帥部的事。唯其如此，在二次大戰中，才出現這樣的情況，即日本人投降之前，他們要拼命作戰，而一旦投降，便發生全民族行為的大逆轉，很快擱下乃至忘掉戰爭，把全身心投入到恢復生產和生活的建設中去了。

　　但日本軍隊確實能打硬仗，凡參加過或者閱讀過抗日戰爭書籍的人，不難得出結論，這支侵略軍隊，可謂茅房的石頭，又臭又硬。而凡經歷過或閱讀過太平洋戰爭的人，也不難得出結論，這確實是一支很難啃的骨頭。南太平洋的那些島嶼，那些食人的鱷魚，那些留在島上的軍人屍骨，那些被打得千瘡百孔的戰旗，都可以證明，這裏經過的那些艱難的日日夜夜是何等血腥，何等慘烈，何等瘋狂。

　　有人說日本沒有哲學，只有面子，殊不知，面子成為文化，也是一種哲學。他們的面子可以使他們奮不顧身地去死亡──包括戰死或切腹，但不能保證他們用自己的頭腦去思考，拒絕那些不合人道的社會行為。

　　西方人的戰爭死亡觀，顯然與日本人不一樣，而且不是一般地不一樣，而是絕對不一樣──大相徑庭。

　　西方人並不懼怕戰爭，戰爭中也湧現出極多的英勇不屈的戰士，同樣湧現出一些很傑出的統帥。西方軍事史上的英雄人物，應該說並不比東方人少，當然也不見得就比東方人多。

　　過去那種一提西方軍隊，特別是一提美國軍隊，就認為是一群老爺兵，少爺兵，一群麵包兵或者牛奶兵的想法，其實是有些無知因而可笑的。西方軍隊，並非如此嬌嫩，好像中國姑娘林黛玉一樣，一陣風就可能吹一溜跟頭。如果真的是那樣，二次大戰中的歐洲戰

場，不會以盟軍的勝利而告終，而太平洋戰場，也不會以日本人的徹底敗退為結果。

日本人擅戰，美國人同樣擅戰，日本人不怕死，美國人同樣不怕死，所以無論太平洋的海戰也罷，陸戰也罷，雖然打得十分慘烈，因為美國人一方有全世界正義者的支持，所以最終勝利還是美國代表的這一方。

但西方人對戰爭傷亡的態度，顯然和日本人有別。日本人有點戰不贏就戰死的精神，——至少這是他們追求的精神。

西方人不這樣看問題，更不這樣處理問題。在他們看來，如果戰不贏，或者換句話說，根本就沒有戰贏的希望了，就不要戰也不該戰了。具體到一個戰役，如果自己一方的軍隊已經完全表失了戰鬥力，比如說已經彈盡糧絕，比如說已經全然陷入敵人的重圍，突圍無異送死，再戰只有傷亡，那麼，乾脆就由指揮官下令，投降好了。

在他們的戰爭哲學中，與其無謂的傷亡，不如向敵人投降。

投降，不是承認失敗，不是接受對方的價值觀念，不是改變對對方政治行為的看法，而是不能戰了，無力戰了，與其白白送死，不如投降作俘虜。

所以二次大戰時期，麥克亞瑟的軍隊既然擋不住日本人的進攻，於是美國總統便命令他撤離。而這種撤離的代價無疑是十分巨大的。而後果是陣地丟了，防線垮了，幾萬士兵成了日本人的俘虜。這種情況，如果換成一個日本人，例如換成山本五十六，毫無疑問，麥克亞瑟就該切腹自殺，以向天皇謝罪。然而，美國人不信這個，不但不信這個，而且堅決認為，出現這種情況，並非指揮官之過也。你就是把上帝請來，在那樣的情況下，也是打不贏的。打不贏怎麼辦，先撤，有損失也撤，有恥辱也撤，等到條件準備好了，再捲土重來。

　　西方人的這種戰爭文化，二戰以後，更其昇華。其基本標誌是，他們現在的戰爭理念中有了兩個新的基本點，一是不能傷害平民百姓，二是儘量盡力減少戰鬥人員的傷亡。

　　如果嚴重違犯了第一條，那就是侵害了人權，犯了戰爭罪，是要被追究的。當然，戰爭既然是戰爭，不能不付出代價，但不能因此就可以肆意槍殺平民，轟炸居民區，或者有任何類似的行為。你盡可以炸毀橋樑，炸毀軍事和其他一些重要的戰略設施，但轟炸非軍事人員則不可以。這無疑是人類歷史的一大進步。人類經過數千年的文明進步，終於開始確認不能無故殺害人民的道理了，而且這道理是剛性的，不容侵犯的，否則，就是犯下了戰爭罪。

　　如果嚴重違背了第二條，這仗就難以為繼。畢竟今天的世界已經進入資訊時代，戰場上的傷亡，是不可能掩人耳目，所謂瞞天過海，在戰術上或可行之，在戰役上已難遮掩。宋代的指揮官可以把傷亡 10 人說成 1 人，明朝的指揮官可以把敗仗說成勝仗，清朝的指揮官可以把殺百姓當作殺敵人。當然這些醜行只能隱瞞一時，不能隱瞞一世，但這一時的時間有些也是很久的呢！現代戰爭資訊發達，在一定意義上說，戰爭就在衛星通訊設備的「天眼」監視下進行。如果戰鬥傷亡過多，雖然打了勝仗，依然是不能被接受的。

　　凡此種種，預示了一個方向，即人類創造了戰爭，終有一天，人類還會用自己的雙手消滅戰爭，讓戰爭這個怪獸，只在博物館或歷史文獻中供人觀覽。

　　中國人的傳統戰爭觀念，另有特色。這不是說我們中國人害怕犧牲，不肯犧牲，一見到血就禁不住肝顫，一聽到死就兩腿打哆嗦──那不是中國人。我們在肯於犧牲、勇於犧牲這一點上不比任何民族遜色。我們中國人的特點，是既崇文，又尚武的，崇文尚武，都有價值追求。對於那些英勇奮鬥的人，如果他的死與國家興亡相干，則更要給予百倍的推崇，千倍的懷念。即使一些人的英勇精神，

並不與國家興亡相接相干，人們對這些人物，依然青眼有加，對他們的事蹟依然會感歎不息，世代相傳。前者如唐代的張巡、許遠，宋代的楊業、楊再興，明代的盧象升、孫傳庭。前者如山如嶺，後者亦有斯軍斯人。大多看過《三國演義》的讀者，對拔矢啖眼的夏侯惇，對捨命救主的典韋，都會留下不滅的印象。雖然這些行為與民族興亡並沒有太直接的關係，但那勇氣，卻令人過目難忘，久久難忘。

但中國人的戰爭觀念，首先不是犧牲，犧牲也要有的，但不是第一位的，無論如何犧牲總是迫不得已的事，不怕犧牲，但犧牲不是目的，目的只在於勝利。

對於中國軍人而言，犧牲──死，只是手段，勝利才是最高追求。最好是沒有死亡，就取得勝利。所謂「攻心為上，攻城為下」，「不戰而屈人之兵」，這才是最佳結果。

比如兩位武師，非要打個天昏地黑，熱血狂噴，你死我活，甚至你死我亦難活，慘烈固然慘烈，但不是我們中國人的理想。我們的理想，是傷人不必傷命，動手不必傷人，最好是點到為止，兩下內心明白，甚至聯手都不要動，坐而論道，已知彼此武藝的深長寬厚，那才是真的大師級的人物呢！所謂論技不如論藝，論藝不如論道。達到「道」這樣的境界，還需要拳拳見紅，刀刀見血嗎？

中國人的戰爭理想，不怕言死，首先言勝，死是為勝服務的。古來頗有這樣的戰鬥範例，──置之死地而後生。置於死地，那是手段。什麼叫死地，比如韓信用兵，背水而戰，這「背水」之地就是死地。因為你把軍隊放在大河的前面，如果不能戰勝敵人，那麼，前有頑敵，後有大水，就只有死路一條。處於死地是多麼危險的情況，日本人處在死地，恐怕要準備切腹了；西方人處於死地，大約要先尋找幾大塊白布的──萬不得已，只好投降。我們中國人不同，死地固然是死地，沒有自殺的道理，更沒有投降的道理，那麼

怎麼辦？拿出一切勇氣，便與敵人死拼，結果「死地」成了動力，憑這動力，更增加了戰勝敵人的可能。

因為有這樣的觀念，所以中國才產生了像《孫子兵法》這樣偉大的兵書，而且這兵書的影響，早已不是民族性的而是世界性的了。或許可以這樣說，因為有這傳統，才有了《孫子兵法》，因為有了《孫子兵法》，反轉過來，又強化了這樣的軍事文化傳統。

因為有這傳統，中國人的戰爭觀，是最講師出有名的。師出有名，才有必勝的信念；又特別講軍與民的關係，將與兵的關係。總而言之，是重視人心。這人心就包括民心和軍心。民心不順，一切難成。軍心不順，逢戰必敗。軍心齊，民心順，正是中國戰爭指揮者首先和始終要考慮的大問題。所以直到今天，四川武侯祠前還要有這樣的楹聯：

> 能攻心則反側自消，自古知兵非好戰；
> 未審勢即寬嚴皆誤，後來治蜀要深思。

首先是軍心、民心，其次是反對蠻幹，反對魯莽，雖然也講「狹路相逢勇者勝」，那是不得已的。為將之道，不能是一夫之勇。一夫之勇，不過一夫而已，賦與大任，必定導致全軍的失敗。與勇相比，更講用謀。用謀又有大謀小謀之別。小謀只是一戰一時的具體建議，大謀則是對全局的把握。高瞻遠矚，運籌幃幄，未曾交兵，已然謀勝之矣。

那原則，就是先不敗而後勝。

什麼是先不敗而後勝，就是先使自己一方──通過各種手段的運用，達到不敗的境地，然後再去戰勝敵人。

先不敗而後勝，真正是一切深知戰爭的妙法。試想一下，如果你自身還有許多漏洞，而你又不去彌補這些漏洞，而是哇哇怪叫，跳著腳罵陣，蹦著高出戰，那結果一定不妙。

君不見，林教頭棒打洪教頭乎？

又不見，呂蒙、陸遜偷襲荊州乎？

更不見，黃漢升奇襲定軍山乎？

先不敗而後勝，是做好充分準備。以海灣戰爭為例，要說美國人打伊拉克，那還不容易嗎？

首先伊拉克是侵略者，正義不在他那一邊；

其次，他的軍事力量打科威特固然有餘，和美國比，不過是雞蛋碰石頭而已；

再次，他已經打了 8 年兩伊戰爭；

又次，反對他的，不僅是受侵害的科威特，也不僅是仗義執言的美國人，還有全世界一切主張正義的政府和聯合國。

但是，從以美國為首的這一方看，為著對伊作戰，雖然爭分奪秒，但絕不粗心大意，而是心不浮，氣不燥，有條不紊，緊針密線，再三斟酌，細細安排。如此這般，準備了好幾個月時間，結果不用三招二式，用犧牲幾十個人的代價，順利達到了預期目標。

又重視後勤。認定「兵馬未動，糧草先行」。實際上，戰爭的較量，既是人心的較量，又是經濟的較量。失去人心固然會失敗，沒有強大的經濟基礎作支持也會失敗。軍隊打仗既要靠士兵，也要有飯吃。沒有飯吃，可以堅持一時，不能堅持長久，因為人畢竟是人嘛，就是孫大聖這樣的神仙，壓在五行山下，還要來點鐵豆豆吃呢！所以，我們中國又有一句古話，叫作功高莫過於救主，計毒莫過於劫糧。把敵人的糧食搶過來，是最經濟的戰勝敵人的辦法。把敵人的糧食燒掉則是最狠毒的戰勝敵人辦法，其意若曰：讓你一個月沒有飯吃，看你這仗還怎麼往下打！

總而言之，中國人的戰爭理念是以勝為本的，勝利高於死亡。但這不是說，中國的戰爭指揮者，中國將帥就如現代戰爭一樣的愛

護和珍視士兵的生命，不是這樣的。如果作這樣的認定，那就又誇大其辭了。

中國人相對於日本人和西方人而言，它更強調智勝或不戰而勝。如果非打不可，那麼，對於中國軍隊而言，死亡巨大並不可怕，沒有取勝才真正可怕。因此，為著勝利，多犧牲一點士兵的性命，他們也在所不惜。所以有詩人說：「一將功成萬骨枯。」這不是誇張，而是事實。漢武帝北伐匈奴，死了多少人，衛青、霍去病英名，正是由數以萬計或者說數以十萬計的白骨堆成。戰士的白骨成了名將的紀念碑林，這樣的歷史場面，確實值得後人深深地反思。

這傳統也帶來種種後果，擇其要點而論，就包括如下兩點。

其一，敗軍之將，不足言勇。

因為我們中國人太追求勝利，太不能夠容忍失敗了。因此，凡打過敗仗，特別是打過大敗仗的將軍，很難再有出頭之日。除非這打敗仗的是等級最高的政治統治者──造成這種例外的其實別有原因。

西方人，例如我在前面提到的麥克亞瑟，打了敗仗，是可以東山再起的。但在中國，這樣的情況少而又少。春秋時代，還有屢次大敗，屢次重用的孟明視，但縱觀中國古代戰爭史，這大約只能是一個特例。更多的情況，是一經戰敗，便永不敘用，甚至為這戰敗付出了生命的代價──不是死於戰場而是被追究責任給追究死了。例如漢代名將李廣，就是不願庭審受辱，而自殺身亡的。李廣尚且如此，餘者不問可知。

很多時候，你即便打勝了還有被罷官被降職被殺頭的危險。例如岳飛、韓世忠、王陽明、表崇煥。戰勝尚且如此，如果戰敗了，那下場還會好嗎？雖然曾國藩有屢敗屢戰之論，那是因為他的失敗只是局部的，而且彼時大清王朝，除去曾氏之外，在八旗舊部中，確實找不到可用之人了。

其二，輕視俘虜，鄙視被俘之人。

打敗仗都很不容易被原諒，被敵人抓住，那下場就更不妙了。李廣也曾被抓，但他跑回來了，因為那跑的方式極其驚險和特殊，還算一個特例。大多數情況下，一旦被俘，最好是殺身成仁，否則，後果難於逆料。

所謂難於逆料，主要還不是說受到敵方的虐待。實際上，不論受虐與否，等你回來到自己的國家或軍中時，你的命運也許還要糟糕。

比如朝鮮戰爭中，被俘的志願軍人員，雖然幾經談判，好不容易回到祖國，而且他們在被俘期間，都有著極其堅強不屈的表現，——否則，他們可能就不會回大陸而會去臺灣了。然而，這些戰俘回到國內的命運都十分坎坷，他們事實上被看作二等公民。而在如「文化大革命」這樣的運動中，他們很多人更是遭受了非常不公正的待遇，以致被打致殘，被迫害致死。

在這方面，中國的戰爭觀念就該被懷疑，或者說早該有所反思有所改變了。在我看來，在對待被俘人員的態度上，還是美國人做的更好些。美國在朝鮮的戰俘，凡是回國的，並沒有受到任何歧視，有的還繼續在軍隊中服役，甚至被提升到十分重要的高級崗位上。

不僅如此，美國人對他們軍隊遺留在海外的遺骸，也是萬分重視，他們為著找回這些遺骸，會堅持不懈地努力幾十年，一定想方設法把這些死在異土他鄉的士兵的遺骸尋找回來。例如美國人為尋找留在朝鮮的美軍戰爭遺骸，可說經過百般周折，歷盡千言萬苦。而他們尋找在越南的遺骸，亦可謂不屈不撓，不達目的絕不甘休。據 2000 年 11 月 11 日法新社報導：「柯林頓總統今天表示，在他下周將對越南進行的訪問期同，尋找越南戰爭中仍然失蹤的美士兵的遺骸將成為他的主要議程。」他說：「美國不會停止尋找，直到所有戰爭失蹤人員的遺骸都被送回國。」

這種決心和作法是值得稱道的，甚至是值得欽佩的。

我們中國人不這樣想，我們說「青山處處埋忠骨，何須馬革裹屍還。」這不是說的漂亮，毛澤東主席的長子毛岸英的屍骨就埋在了朝鮮的國土上。

但我想，我們民族的兒女，千里迢迢，萬里迢迢，出國作戰，戰死他鄉，他的屍骨理應運回國內，以使他的靈魂回歸故土，也對他們的家人有所交待。這樣的境遇，一定要設身處地，從陣亡者和陣亡者家屬的角度認真考慮才能得出比較合理的答案。

你不要說，連主席的兒子都葬在異國他鄉了，你一個老百姓的兒子為什麼非要送回國內。這就把一個人道主義問題政治化了。實際上，死者的安葬地問題，乃是死者家屬應有的權利，他可以同意不把自己的親人遺骨運回國內，也可以要求而且有權利要求把自己親人的屍骨運回國內。

共和國主席的兒子死於他鄉，埋在他鄉，並不代表別人也該這麼做，如果說，因為主席做了，別人就該那麼做，那麼是不是主席享有的一切待遇我們這些老百姓也應該享受呢！

親屬遺骸的處理，是一種私人權利，它不受任何其他因素的影響。萬具屍首，有 9999 位的家屬同意他們埋在異鄉，只有一位要求運回來，沒的說，國家有責任有義務滿足這家屬的要求。反之，只有一位家屬同意自己親人的屍骨留在他鄉，那麼其餘的屍首也該無條件的將他們運回。這一點，至少在道義上應該是毫無疑義的。

就中國戰爭傳統而言，我們一可從文獻中看到的，可是戰爭雙方對於對方將師的生命（包括遺骸）給予禮遇，例如曹孟德在袁本初墓前痛哭，又如陳毅司令員做主將張靈甫的屍體交還國民黨一方。但對成千上萬死亡的戰士而言，對不起，只能就地處理了。有的給一塊裹屍布，──主要是對自己的士兵，有的就扔進了「萬人坑」。自然，這一方面是文明所限，另一方面也受歷史特殊條件所

限。比如，漢武帝北伐匈奴，死亡將士甚多，他有能力有條件把他們的屍骨都運回國土嗎？

但我想，現代人既不能完全消除戰爭，以致今後不論哪個國家都有可能出國參戰。從現代文明的角度出發，對每一個士兵的生命負責，包括對那些不幸犧牲的軍人的遺體負責，而且負責到底，應該是每一個負責任的政府，每一個文明民族義不容辭的責任。

唯其如此，才算達到了現代軍事文明。

3. 中、日、西三方面對死亡的公共表現

所謂的公共表現，主要指的是與死亡者相關的人，對死者的情感表現和社會輿論的價值指向。

面對死者，其親友的第一表現，當然是悲傷，而悲傷的第一表現，就是哭。中國俗語謂「人不傷心不落淚。」那麼傷心呢？當然是要落淚了。

這一點，中外東西，都無不同。不管你是佛教徒，是基督徒，是伊斯蘭教徒，還是非宗教信仰者，在自己的親友亡故或者出現忘我死亡時，是沒有不傷心，也沒有不落淚的。

哭是一種表達方式，是表達傷心的一種情感狀態，內有傷心，外有落淚，正是對於死者的普性的感情運算式。

所以，明治天皇去世了，日本人是傷心的；

列寧去世了，蘇聯人是傷心的；

周恩來去世了，中國人是傷心的；

拿破崙去世了，法國人是傷心的；

羅斯福去世了，美國人也是傷心的。

所以，英國人有悲劇，哈姆雷特死了，有人哭他；

中國人有悲劇，林妹妹死了，有人哭她；

俄羅斯人有悲劇，安娜死了，有人哭她；

日本人有悲劇，南子死了，也有人哭她。

而且，不僅僅是哭，是真的傷心呀！

但因為文化背景，文化傳統，文化特徵不同，其面對死亡的公共表達文化，卻又迥然不同。

傳統西方人的致哀方式，是有節制的，他們悲傷，但不過份。1997 年戴安娜王妃不幸去世，那葬禮全世界有目共睹。送葬者包括她的親屬例如她的兩個兒子，都是非常有節制的，他們並非不傷心，小小年紀，生母身亡，怎麼能不傷心？然而，在公開的致喪場合，並不表現出傷心欲絕的狀態──傷心固然傷心，但是得有相應的尊嚴，這尊嚴其實也是對於死者的相應的尊重。

西方人面對親友的死亡，不作過於哀傷的表示，自有其宗教性原因，這原因加上種種民族文化因素，便漸次形成傳統。他們不贊成那種中國式的號啕大哭，而且不哭得天昏地黑便好像不能表達自己的情感似的。他們悲傷但有節制，有時候，這種節制，會使旁觀的人對於死者和生者產生更多的同情和敬意。

這裏舉兩個例子。一個是法國人的，是雨果小說《悲慘世界》的結尾部分。

《悲慘世界》屬於世界性經典，它在中國的影響和傳播也是異乎尋常的，書中的主人公冉阿讓，影響了中國未止一代人兩代人。

小說的結尾處，冉阿讓去世了，但作者並不特別渲染那種死的場面，也不寫死後的種種儀式，他只寫他死時的精神狀態和他的家人的典型表現──

珂賽特和馬呂斯跪下，心慌意亂，悲淚哽咽，每人靠著冉珂讓的一隻手，這隻莊嚴的手已不再動彈了。

他倒向後面，兩支燭光照著地：他那白色的眼望著上天，他讓珂賽特和馬呂斯拼命吻他的手，他死了。

夜沒有星光，一片漆黑，在黑暗中，可能有一個站著的大天使展開著雙翅，在等待著這個靈魂。[6]

還有一個例子，是美國人的，即鼎鼎大名的美國長篇小說《飄》的主人士女友媚蘭死後的表現——

「別跟我說，否則我會尖叫起來」，思嘉說。她，由於神經過度緊張，聲音已變得尖利，同時把兩隻手狠狠地叉在腰上。現在她一想起要談到媚蘭，再安排她的後事，喉嚨又發緊了。「我叫你們誰也不要吭聲。」

「聽了她話裏的聲色語氣，她們不由得倒退了一步，臉上流露出無可奈何的尷尬神色『我可決不能在她們面前哭呀，』她心裏想。我不能張口，否則她們也要哭了，那時黑人們也會尖叫，就亂成一團了。我必須盡力克制自己，要做的事情多著呢……。」日本人面對死亡，特別是如剖腹一樣的特殊死亡分式，不僅表現出節制，而且表現得十分平靜。

但這種平靜，並非不曾傷心，而是把自己的情感寄託在某一種理想當中，使自己的悲傷情感達到某種特定的文化層次。

比如前面提到過清三島由紀夫，他有一篇名為《憂國》的小說，是專寫剖腹自殺的，那過程寫得沉鬱頓挫，靜至之穆。小說中的主人公切腹而死，她的妻子隨之而去。那樣驚人的場面，怕是一般中國讀者所不願面對的。書中的兩位主角的情感至深，如果不是情感至深，女主人也不會同樣以自殺的方式追隨她的夫君而去了。但全篇沒有哭泣，男主人公既不肯哭泣，女主人公同樣不肯哭泣，不但沒有哭泣，反而大寫性愛，那場面經作者如魚如詩般的描寫，如火

---

[6] 《悲慘世界》第五卷第 796 頁。

一般，如血一般，表現出一種對比強烈，色調張揚的濃豔而又冷寂的狀態。但，哭泣是沒有的，實在說，如此這般的氣氛，加上任何一種哭泣都是不適當的。無論是如曠野中孤狼的長嘯也罷，是如雁群失去「對偶」的哀鳴也罷，甚或是加上傳說中天鵝臨終的絕唱也罷，都將損傷那種特別的悲傷氣氛，即使是如泣如訴的哀聲，也將和那種特定的文化場面產生不合諧狀。

　　日本人重情，但能節哀，他們也有長歌當哭，或者以哭聲作歌聲的時候，但那不是在公共場所。早些年，一些日本學生來中國旅遊，結果出了事故，致使一些年青的生命客死他鄉，後來中國大陸的記者去日本採訪這些家庭，也曾被日本特有的那種家庭靈堂和主人們的節哀態度所深深地感動。

　　筆者雖然未曾親臨日本，但讀到那些文章時，依然感動不已，甚至暗自唏噓，有不勝自製之態。文章說，記者到了死者的家中，站在死者的靈堂前，女主人──死者的母親，剛有泣不成聲之勢，男主人便拽她的衣角，讓她在客人面前節制自己，於是這女主人便忍住哀傷，禮貌地向中國記者表示謝意。

　　那具體的文字，在我的記憶中已然有些模糊，或者我現在的回憶有些不太準確的地方，但那種特殊的情調和表現，依然鮮亮如初，是遠遠不會從我腦海中淡去的。

　　中國──尤其是傳統的中國人，面對死亡親友的表現，可說是非極盡其悲不能自己，用現代青年人的話講，恐怕不使用「巨悲」這個詞兒，都不能表達那樣的意思和狀態。

　　中國人對於死亡的公共表現，不但要悲傷，而且一定要痛哭，痛哭流涕，痛器失聲。稍後談者就會看到，僅僅是痛器流涕和痛哭失聲，還不能表達那樣的狀態和情緒哩！

　　生、死大事，中外一樣。但西方小說中，雖然也有用故其深刻、深沉、深痛的筆調寫各種各樣的死法的，如寫壯烈的死，豪邁的死，

淒慘的死，不屈的死，哀哀地死，沉重的死，悠然地死，痛苦地死，光榮地死以及骯髒地死的，但對於喪葬一事，往往用筆墨不多，即使用筆墨不少，也重在寫人，而很少寫場面，寫禮儀，——寫哭，寫哭喪的。

中國人則不同，中國傳統小說，特別是古典長篇小說，對於喪事的描寫，常常是重中之重，用大筆墨，花大氣力，噴雲吐霧，淋漓盡致，如《金瓶梅》，如《三國演義》，如《水滸傳》，如《紅樓夢》，如《儒林外史》，莫不如是。

《紅樓夢》中寫秦可卿喪事，可說是古典文學中的經典文字，不但場面大，而且內涵深。其中不乏寫哭，寫寶玉的哭，寫賈珍的哭，寫鳳姐的哭，寫上下人等的哭。寶玉的哭，是別有一番情感在心頭；賈珍的哭，則不合常人之理，卻合是人之理，雖然不曾直接說破，卻又寫得入木三分。這裏引一段，鳳姐哭靈的文字，都是端的寫得好。且說——

鳳姐緩緩走入會芳園登仙閣靈前，一見了棺材，那眼淚恰似斷線之珠，滾將下來。院中許多小廝，垂手伺候燒紙。鳳姐吩咐得一聲：「供茶燒紙」。只聽一棒鑼鳴，諸樂齊奏，早有人端過一張大圈椅來，放在靈前，鳳發坐了，放聲大哭。於是裏外男女上下，見鳳姐出聲，都忙忙接聲嚎哭。短短一段文字，寫了多少文化，這個且不說它，只說這哭就寫得何等有聲有色，不同尋常。

《水滸傳》寫喪事亦不少，其中一段寫宋江途中奔喪的情節，寫得又好。

且說宋江與花榮，燕順諸好漢投奔梁山途中，忽然接到石勇送來的一封信。這信「封皮逆封著又沒平安二字」，宋江已是吃驚，乃至讀到老父於「今年正月初頭因病身故，見今停喪在家，專等哥哥來家遷葬。千萬、千萬，切不可誤……」時，但見——

　　宋江讀罷，叫聲苦，不知高低，自把胸脯捶將起來，自罵道，「不孝逆子，做下非為，老父身亡，不能盡人子之道，畜生何異！」自把頭去壁上磕撞，大哭起來，燕順、石勇抱住。宋江哭得昏迷，半響方才蘇醒。

　　如果說，鳳姐的哭法，———來她是死者的長輩，二來她又是一位女強人，當彼時，又剛剛代理了協理寧國府的責任，於是，她的哭有派頭，有個性，有些權勢炙手，又有些不可一世。那麼，宋江的哭，可是中國傳統的正宗哭法了。

　　這種正宗的哭法，一是要哭，二是要說，三是要有強烈的身體動作，四是要尋死覓活。

　　當然，宋江也有自己的特殊情況，因為他是一個逃犯，又是一個孝子，這種特殊的身份無疑更其特殊化而且又強化了他的哭喪表現。但是，列位看官，千萬不要以為這只是一個特例。中國人的辦喪事，亦稱哭喪，有很久遠很久遠的傳統，又有很古老很古老的規矩，而且這規矩儼然上了儒學經典。自漢以後也就成了官方認定的必不可少的禮儀程式，而且這種禮儀程式在一定程度上，也就代表了它的內容。

　　且看四書五經中的《禮記》是如何寫「奔喪」的。

　　始聞親喪，以哭答使者，盡哀；問故，又哭盡哀。遂行，日行百里，不以夜行；唯父母之喪，見星而行，見星而舍。若未得行，則成服而後行。過國至境，哭盡哀而止。哭避市朝。望其國境哭。

　　至於家，入門左，升自西階，殯東西面坐，哭盡哀，括髮袒，降堂東即位，西向哭，成踊，襲絰於序東，絞帶。反位，拜兵成踊，送賓，反位；有賓後至者，則拜之，成踊送賓皆如初。眾主人兄弟皆出門，出門哭企，闔門，相者告就次。

　　於又哭，括髮袒成踊，於三哭，猶括髮袒成踊。三日成服，拜賓送賓皆如初。套表者非主人，則主人為之拜賓送賓。

　　套表者自齊衰以下，入門左，中庭北面哭盡哀，負麻於序東，即位袒，與主人哭，成踊。於又哭三哭皆袒，有賓，則主人拜賓、送賓。丈夫好人之待之也，皆如朝夕哭，位無變也。[7]原文太長，不再盡道，這裏只引了一段。但那意思想來各位讀者已經看明白了。連篇累牘，可謂句句不離哭字，而且不是一般地哭，是極盡悲哀——盡哀，再極盡悲哀——又哭盡哀；而且每經過一個國家，到了邊境，就要極盡悲痛爾後方止——過國至境，哭盡哀而止。

　　到了家裏，再一次極盡哀痛——哭盡哀，而且還要束攏起頭髮，袒露臂膀，然後下跪到殯堂東邊就位，面後西哭泣，頓足跳腳——「括髮袒，降堂東即位，西向哭，成踊」。

　　到了第二天，還要大哭，要束起頭髮，袒露臂膊，頓足跳腳——「於又哭，括髮袒成踊；」到了第三天，繼續大哭，依然束攏起頭髮，依然袒露臂膊，頓足跳腳——「於三哭，猶括髮袒成踊。」

　　如此等等，無論再引了，也不能再引了。實際上，這不過是古之奔喪的一小部分罷了，而奔表之後，還有「表服小記」、「雜記上」、「雜記下」、「表大記」、「祭法」、「祭文」、「祭統」、「服問」、「間侍」、「三年問」等許多內容哩！這些內容中的內容，又常常與哭相關。

　　中國人辦喪事，一定要哭，不哭就是不孝。而且，我們的先人獨在這樣的地方，有精細的分別。比如哭與泣的分別，泣與噭的分別。所謂有淚無聲謂之泣，有聲無淚謂之噭，那麼正統的哭，就是有聲又有淚了。所謂聲淚俱下的便是。順便說，如果我們先人把辦喪事的智慧和能力用到科學、技術方面一點，那該有多麼好啊！

　　但總哭也不是事，窮人因為其窮，沒的辦法，只有自己去哭了，而且一邊哭著親人，一邊想著家境，不免越哭越想越覺得傷心。

---

[7]　《四書五經》第 765 頁。

富人就不同了，他們養得肥肥胖胖，總哭有傷尊體，不哭又丟臉面，於是，我們聰明的先人，便又想出辦法，請富人出幾個錢兒，便請來一幫人來陪哭，——總而言之，就算你沒有眼淚了或者不想掉眼淚了，但在中國傳統變化中，也非強迫你哭不可。

於是，這種連跳帶唱的大哭喪，不知不覺的就帶有了表演性質。這種表演化的哭喪送殯的形狀，直到今天，在很多農村，還是可以見得到的。

但我想，這樣的習慣，還是儘快改變為好。而在中國多數城鎮地區，確實已經有了質的變化，從某種意義上來說，也有了與國際喪葬文化接軌的味道。

4. 中、日、西三方死亡觀念後面的宗教原因

西方死亡觀念的宗教傳統，主要是基督教傳統，而且基督文化對西方影響既深且大，直到今天，這種影響，不但未曾從根本上得到削弱，而且作為一種文化存在，在某種意義上它還得到了加強。

基督教倡導下的死亡觀念，從本質上講，是二元論的，或者說是一元系統下二元化。

為什麼說它是二元論呢？

因為它是一種人神分離的文化體系。其中人是一元，神是一元。

為什麼又說它是一元系統下的二元化呢？因為人這一元，在基督教義下，這是從屬於神級。

人由何而來，是由上帝根據自己的形象創造的。

上帝是人，這就是一元論。

上帝永遠是上帝，人永遠也不會成為上帝，這就是二元論。

這種觀念在死亡意義上的表現為：

第一定律：「上帝耶和華，是不屬於死亡的人。」[8]

上帝不能死亡，上帝如果能死亡那還叫什麼上帝？上帝萬能，上帝創造一切。上帝想有什麼就能有什麼。這是基督教不能稍改的鐵的定義。

第二定律，人都是要死的，按基督教的說法是：「有一條路，人們看起來似乎是正路，但它的路點卻是一條死亡之路。」又說：「一切都有時……出生有定時，死亡也有定時。」[9]

上帝不死，人必然會死，而且人的死亡是有一定的時刻的，這時刻不是由任何其他因素決定的，它是由上帝決定的。

除去這兩個定律之外，還有第三條定律，即，人死亡後，人的靈魂必然受到審判。

為什麼這樣？

因為按照基督教的定義，人是有原罪的。上帝創造了人——亞當，又從亞當身上取一根肋骨出來，創造了夏娃。亞當、夏娃雖然一男一女，卻是絕對的純潔，他們赤身相處，也不覺得有什麼不妥貼的地方。他們終日相處，也不會像賈寶玉、林黛玉那樣，耳鬢廝磨，便產生了愛情。他們不但純潔，而且純潔到不知男女為何物的地步。他們生活在伊甸園中、無憂無慮，無仇無恨，無愛無慾，無羞無恥。然而，上帝既然創造了人，就不該創造蛇，上帝既然創造了蛇，就不該創造伊甸園中的禁果。然而，畢竟上帝創造了它們——而且我們如果是基督徒的話那就必須相信這一切都是無可懷疑的。

可恨蛇這傢伙，教唆亞當、夏娃，讓他們嚐了禁果。這一嚐不大要緊，羞也知道了，臊也知道了，男情也知道了，女愛也知道了，

---

[8] 轉引自《世界十大宗教論人生》、第 268 頁。
[9] 同上。

總之，男女交合之事統統知道了。這個在基督教教義的規定上，就稱為原罪。

因為人類的始祖犯了原罪，所以他們的後人就世世代代永遠有罪，這一點，在前面某個地方，也提到過了。

因為人有原罪，所以不論你在人世間表現如何，在死亡後，你的靈魂必受審判。然而問題來了，人世間表現壞的人，靈魂要受審判，有理；表現好的人，好的不得了，整個一個西方雷鋒，死後靈魂也受審判，在邏輯上說得過去嗎？

基督教的回答是，做好事的人，聽上帝教誨的人，死亡之後，既經審判，其靈魂即可步入天堂。——

看那，耶和華的眼睛注視著那些敬畏他的人，正在注目著那些渴望他永恆之愛的人，這樣，他就可以把他們的靈魂從死亡裏拯救出來。

基督徒面對死亡為什麼要節哀，一個重要的原因在此。

按基督教教義，生命既屬於上帝，死亡自然也屬於上帝。上帝召喚自己的親人去了，縱然故去的是至親至愛之人，但不論是死亡者還是與死亡者相關的人，本質上都是上帝的子民。而上帝的意志是不能違背的，上帝的意志既不能違背，又有什麼理由像中國人那樣極盡悲哀之能事呢？

老實說，如果真像我們傳統中國人所作的那樣，在死者面前，大哭，大嚎，大跳，大叫，以至用頭撞牆，以至以死相殉。那麼，就是對上帝的不敬了。上帝召喚死者前去，你卻硬不讓他老人家或者他少人家安安靜靜順順當當地前去，這不是與上帝做對嗎？

請問：與上帝做對，對死者有什麼好處，對於作對者又能有什麼好處呢？

死亡屬於上帝，而死亡者的靈魂有可能進地獄，更有可能進天堂。

　　如果死者的靈魂正奔向天堂，你還要大哭而特哭，那就又是你的不是了。人的亡靈進了天堂，你為什麼傷心絕倫，難道你不喜歡或不希望你親人的靈魂在天堂中享福嗎？

　　反之，如果這亡靈過不了審判關，他不能進入天堂，而是墮入地獄，那麼，就更用不著過份地傷悲了。岳飛死了，哭還有益，秦檜死了，你痛哭流涕，就是與民心為敵，與善良作對。幸而，秦檜不屬於基督世界，否則，他在地獄中，一定沒有好果子吃，而且就是那些執拗於個人情感的人，也一樣得不到上帝的青睞。讓上帝不高興的人，想想自己的歸宿吧，那歸宿，100%，讓人後怕。

　　所以對基督徒而言，面對死亡，最最重要的，不是一味悲傷，不是痛哭流涕，不是以各種方式極盡自己的哀思，而是按照上帝的指引，舉行特定的必要的儀式。

　　對死者而言，最重要的是舉行懺悔儀式，在上帝面前，進行最後的懺悔，以求得到上帝的原諒，從而使自己的靈魂得以進入天堂。

　　活著的人，則同樣要遵循上帝的指引，用自己的合乎信仰的表現，祈禱死者的靈魂得以安息。

　　但必須強調的是，西方的文化傳統與東方文化傳統主要是與中、日等國家的文化傳統的發展曲線有重大區別。以中國文化為例，我們華夏文明在歷史上未曾出現斷層，可以說，自古至今，它是一脈相承的。西方文化不同，它的歷史的發展曲線，是經過大起大落的。或者換個說法，西方文化不是一個傳統，而是三個傳統，既古希臘羅馬傳統，基督教傳統和文藝復興運動以來新的文化傳統。

　　這三個傳統之間的矛盾極為劇烈，基督文化打斷了古希臘文化的流行和藩衍，而文藝復興運動本身就是對基督文化傳統的強烈衝擊。文藝復興以來，人文旗幟高張，宗教改革風起雲湧，科學技術超速發展，這三者相互支持，相互作用。表現在生與死這樣的價值取向上，則神的地位急速下降，人的地位日益提高。可以這樣說，

研究西方近現代的死亡觀念，它的基本特徵即從以神為主導到以人為中心的演化過程。這一點，是務須充分注意和不容忽視的。

日本人的宗教信仰屬於另一種情況。

首先他們的信仰具有多樣性特色。比如有 10 位自稱具有宗教信仰的日本人，如果你向他們徵詢其信仰的具體對象是什麼，那麼就可能出現這樣的情況，即：

信仰基督教的有 4 人；

信仰神道教的有 6 人；

信仰佛教的有 8 人；

4＋6＋8＝18 人。

總共 10 個宗教信仰者，在統計數字上卻出來了 18 這樣的數字。不瞭解日本宗教信仰特色的人，一定會說是調查者搞錯了，或者統計者不識數。

其實，並不然。

實在日本人的宗教信仰，有其多樣性或業多重組合性特色。

知情者這樣評說日本人的功利主義式的「眾神」態度。

「日本人出生時在神社行儀式，結婚卻在教堂，而下葬則採用佛教儀式。」這種大雜燴式的宗教活動都顯出於實用目的。他去神社是因為父母要他記住自己是日本人，他去教堂舉行婚禮是因為在教堂結婚看起來更堂皇，為他舉行佛教葬禮是因為神道教沒有葬禮。不管怎樣，死後他就擁有所有的選擇，這樣，就完全了。[10]

日本人的信仰其實是個大雜燴。

出生時在神社，神社是什麼地方，是神道教的所在。

結婚時在教堂，教堂是什麼地方，是基督教的活動場所。

下葬時則用佛教儀式，要知道佛教與基督教其實是不相容的。

---

[10] 《日本：神話與現實》，第 91 頁。

　　佛教、基督教、神道教，雖然彼此並不相容，但在日本人那裏，似乎顯現不出有什麼勢不兩立的矛盾。他們是多樣性兼多重性宗教信仰者，表現在人生態度上，就不會專一地按著某一種宗教的路子堅決地走下去。

　　需要說明的是，雖然日本人的宗教信仰有多樣化特點，但這不是說，什麼宗教都可以進入日本，或者說各種進入日本的確宗教與日本的原有宗教的影響力是完全一樣的。

　　事實絕非如此。

　　首先，不是任何宗教都能在日本得到充分的傳播，雖然歷史上的日本，即具開放品格，而當今的日本，更具有完全的信仰自由。但這只給了任何宗教都可以進入日本的權利，頗卻不等於它的在日本獲得了同樣的生存和發展機會。畢竟，宗教是需要信仰者，無論什麼宗教，總要有人願意信仰你，你才能在那個地域得到傳播和發展。

　　日本歷史上，接受中國文化最多，但是，它的這種接受也是有選擇的。例如它接受儒學婦女觀，但不接受婦女纏小腳的習俗；它接受中國的宮廷文化，但不接受太監；同樣，它接受中國的儒學和佛教，但不接受道教。道教在中國影響雖然十分巨大，雖然一些日本訪唐詩人還是李白的好朋友，但在日本，沒有道教生存的土壤。

　　日本人接受的宗教思想中，以佛教、神道教的影響為大，再加上基督教的影響，數位一體構成日本人的信仰特點與總體價值取向。

　　神道教的影響自然很大，這是日本土生土長的宗教，但吸收了外來宗教的營養。神道教屬於泛神論，天地萬物皆有神靈，雖然皆有神靈，又有本質區別。神道教把宇宙分為三個截然不同的世界。一個是「上天」世界，這是真正神的世界，這個世界中，由諸神居住，而神是不會死亡的，這世界自然也是永生光明。第二個世界是「地下」世界，即中國人說的「陰間」，這是鬼的世界，鬼的世界，

沒有光明，只有黑暗。那麼，第三個世界則是人的世界，它處於光明與黑暗之間。

神道之外，佛教的影響也大。佛教在中國的主要門派，在日本都有傳播，如天臺宗、禪宗、淨土宗，尤其影響深遠。但佛教在日本是本土化的，彷彿禪宗是中國本土化了的佛教一樣。佛教在中國的本土化，必須解決其與儒學的關係，這關係解決不好，佛教難於立足，更難於發展。佛教在日本的興達，又要解決與日本傳統文化的關係，這個關係不易解決，但它在中國既然已經取得生存的經驗，那麼，在日本，對這個問題的解決就變得比較容易些了。總而言之，日本佛教既不同於它在印度時的本來在目，也不同於它在中國的存在狀態。例如，很多教派的日本和尚都是可以娶妻生子的，而且不信佛教則已，一信佛教便要全家全族地去信，否則，丈夫信佛，妻子不信，就有被休棄的危險。這樣的情況，在中國歷史上是見不到的。

還有儒學的影響。實際上，自唐以降，儒學的影響，在某種意義上說，大於佛教的影響。日本文化有「文源於唐」之說，其中雖然包含了佛教在內的意思，但影響更大的還是儒學或儒學為代表的中國傳統文化。以後，宋明理學進入日本，直到明治維新運動之前，理學的影響都是首屈一指的，尊崇程、朱理學被視為正統，心學的影響也不容忽視。

儒學影響，反映在天皇道統上，就有了「皇道」一說，表現在人際規範方面，又有了類似於中國三鋼正常一樣的道德規範。這且不說，單說日本天皇，例如現在即位的平成天皇，平成二字就取自於《易經》，由此可見，中國儒學文化對於日本的影響有多麼巨大。日本詩歌顯然受中國唐詩的影響不小，至於如《三國演義》一類的古典文學作品，在日本更是家喻戶曉，說到劉、英、張等演義中的經典英雄人物，日本人也絕不陌生。

　　凡此種種，使日本人的傳統文化具有了自己的鮮明特色。實際上，它既不是完全宗教性的，也不是全然世俗性的。西方國家，無論那一個國家，宗教信仰都必不可少，這既是它們的傳統，也是它們的現實。我們中國，從來就不是一個宗教性國家，而是一個世俗性國家。中國可以容許幾乎一切宗教在中國流傳，但它不能改變中國作為世俗國家的性質。日本人介於中、西之間，它既非宗教性國家，又非世俗性國家，或者換個角度說，它既具有世俗性品性，又具有宗教品性。而日本天皇制，正是這種半俗半教的文化的經典性表現。天皇在日本人心目中——至少在二戰之前，恰是半人半神的奇妙結合者。天皇既具有神性，又具有人性，既享有神的權威，又享受世俗生活。

　　但是，有一點是必須強調的，雖然天皇具有半人半神、亦人亦神的性質，作為天皇以下的日本人而言，無論你是大名也好，是商賈也好，是武士也好，還是平民甚至賤民也好，都全然與神無干。而且也不能如中國人那樣，人死既可以變鬼，又可以變神；甚至神「死」也可以變人，變鬼，鬼「死」也可以變人、變神。

　　在日本，人神殊途，各不相通——人永遠是人，根本不可能有變成神的機會，而神永遠是神，也沒有死亡的危險，知情者說——

　　對於古代日本人來說，那裏是超越時間的世界，是天神永久居住的地方。諸神不會消亡，五穀是從神的軀體上生長出來的。天國是光明世界，諸神的本質是善良的。日本人將人的世界與神的世界斷然分開，主張人始終是人，神始終是神。

　　正是有這樣的信仰價值取向，所以日本人的文化性格就具有了對比強烈的矛盾性。一方面，它是充滿幻想的，一方面它又是非常現實的；一方面它是非常開放的，一方面它又是非常封閉的；一方面它特別追求新的內容，一方面它又要堅決保留傳統；一方面，它有強烈的個性色彩，另一方面，它又有難以企及的團隊精神。

這種矛盾表現在對死亡的態度上，也就顯現出強烈的日本色彩，即日本人的死亡觀念與行為，既有極端的一面，又有從眾的一面；既有積極的一面，又有消極的一面。

日本式的極端死亡表現，就是剖腹。剖腹以表示自己的責任，這種行為方式，實際上和日本人特有的所謂「忠誠」有內在的聯繫，而與神道與佛教特別是與佛教的關係，並不明顯，或者說看不出二者之間有什麼必然的聯繫。

日本式的消極死亡表現，就是厚葬。上面剛剛說過，日本人是堅信人神殊途的，所以他們從來不考慮靈魂上天堂，或者靈魂得救這一類的理想。在他們心目中，與其說天堂有什麼魅力，不如說現實生活更使他們留戀。他們雖然有剖腹的傳統，但這又從另一個方面表示了他們對死的承諾，或者說死的尊嚴。實際上，「日本人最忌諱的是死。」[11]不但忌諱死，連血也是忌諱的。他們的理想在於，最好過人間的生活，實在不死不行的時候，那麼，也須將自己的墓地安排得如生時一樣，而且保留現實生活中的種種方便，如現實中的人際關係等等。研究者說：

日本人根本不考慮死後上天堂或者墮地獄的問題。不上天，不入地，墓就是永久的居住地。日本人十分重視墓的建造。前方後圓故就是日本民族獨一無二的創造。據說這種墳的前部為祭場。儘管日本大化革新時一再強調薄葬制，但厚葬之風有增無減，並且貧富之差日益懸殊。[12]

誇張點說，日本文化的宗教風格是：信與不信之間。

我們中國人的信仰文化則另具特色。

---

[11] 《日本傳統文化》第 211 頁。
[12] 同上。

　　首先，中國從來都不是宗教性國家，而屬於世俗國家，這一點，方才已經說到了。但這不等於中國人就沒有信仰。實際上，中國雖然不是一個宗教性國家，但在中國，對於宗教活動和宗教信仰，都持特別寬容的政治姿態和生活姿態。

　　中國不是一個宗教國家，但古來的中國，至少從西漢算起，就開始成為一個以儒學為核心的禮教國家。這樣的國度裏，最關鍵的問題在於，第一，你要尊重皇權；第二，你要遵守禮教。在這樣的前題下，你還打算信什麼，或者不信什麼，全都悉聽尊便。

　　中國傳統文化中，影響最大，起主導作用的當然是儒學。先秦時代，諸子百家，百家爭鳴，儒學不過其中一家而已，而且不得志。孔子學說影響雖然不少，但各國諸侯沒有採用它的。漢代之後，孔學交上好運，一躍成為最重要的顯學。漢武帝實行「廢黜百家，獨尊儒術」，的國策，儒學地位高不可攀，正式成為官學。但僅有儒學不夠，於是，佛學東來，道教興起，形成儒、道、佛三家共存共在的局面。這局面的形成，其實也不易，大體上說，魏晉南北朝時代屬於整合時期，唐代三家共興，成空前的興盛之勢。唐文化獨領風騷於世界，其實與此有因果關係。

　　雖然儒、道、佛共生共存，但起主導作用的只能是儒家。唐代皇帝中，有學佛的，也有奉道的，但本質上還是儒學天下，畢竟中國科考中人，全是儒生，中國的禮教，也非儒學莫屬。

　　儒、道、佛的這種影響方式，可說是無所不在，沒有例外。表現在對死亡的觀念上，尤其如此。中國傳統的死亡觀，不是佛教性的，也不是道教性，其主流狀態還是儒學性的。其理論根據，盡在孔孟之流，其體制特徵，盡在禮教之內。

　　儒學對生死的看法，其基本傾向，是重生輕死的。這一點在孔子的觀念中十分明確，不容置疑。《論語》中說到生與死的地方很多，「先進」篇中有這樣一段經典性對話：

　　季路問事鬼神，子曰：「未能事人焉，焉能事鬼？曰：敢問死。曰：「未知生，焉知死？」季路即子路，這子路是個楞頭青，他先問侍奉鬼神的事，孔子對這問題不感興趣，而且對這樣提問題，也有點不高興。於是告訴他說：「人還侍奉不好呢，怎麼又去考慮侍奉鬼的問題呢？」偏這子路不知趣，還要再問有關死亡的問題。於是夫子對他說：「生的道理都不明白，問什麼死呢？」

　　孔子學說，關於生的篇幅很多，而關於死的篇幅就少了，問題的關鍵還不是篇幅問題，而是孔子之學強調的是修身、是治家，是治國，所謂「修身、養家、治國、平天下」，簡稱為修、養、治、平。對於死亡之事，無暇多顧，也不願多問。

　　對死亡尚且這種態度，對鬼神之事，尤其興趣無多。《論語》上記載，「子不語怪、力、亂、神」，骨子裏對於暴力，對於作亂是極其反感的，就是對於奇異怪誕弄神鬼之事，也全然引不起孔子的關心。

　　孔夫子的一句盡人皆知的名言，叫作「敬鬼神而遠之」。他對鬼神的態度，似在無可無不可之間，他不說信，也不說不信，只說：「祭，如在。」但他不願親近他們，就說是信吧，也是恭敬有之，親近則無。他老人家更關心的還是人生問題。《論語》中記載一段子夏與司馬牛的對話，話雖出於子夏之口，頗能代表孔子的理念。司馬牛憂曰：「人皆有兄弟，我獨亡。」子夏回答他說：「死生有命，富貴在天。君子敬而無失，與人恭而有禮。四海之內，皆兄弟也，君子何患乎無兄弟也？」

　　「死生有命，富貴在天。」聽這話的意思，是有些宗教味道的了，然而不，這只是一個比喻，接下來又說，「君子敬而無失，與人恭而有禮」，這就儒學化道德化的了。能這樣，那麼「四海之內都是兄弟，何耽心沒有兄弟嗎」？

儒學重生輕死，並非沒有自己的原則。他不但有原則，而且這原則性還十分堅定，並且是不可侵犯的，只不過他所持的態度，不是咆哮如雷，疾馳如電，而是從容不迫，靜氣如山。

儒學重生，但更重道，所以孔子說：「朝聞道，夕死可矣。」生固然重要，道更重要。

但孔子的道，與道家的道有瓜葛，卻又不同。孔子的道，本質上還屬於修、齊、治、平這個範疇，簡而言之，便是「君君臣臣父父子子」。

「君君臣臣父父子子」還不是三綱五常，但那原則已經為後來的三綱五常提供了依據。

儒學重生，但更重修養，如同他重視父子關係，更重視孝道一樣。

而且，孔門弟子知道自己的理想完成不易，所以曾參才說：

士不可以不弘毅，任重而道遠，仁以為己任，不亦重乎？死而後已，不亦遠乎。

從受眾角度看，儒學的影響，雖然最大，但道教和佛教的影響，同樣無可忽視，但這些影響在一定程度上是儒學化、本土化而又習俗化了。

道教是中國土生土長的宗教。它的風格與世界其他宗教有很大的不同，其中一個根本性區別，在於世界上幾乎所有宗教都對死亡和死亡後的情形更感興趣，可以說這是差不多所有宗教立教的前提。基督教如此，伊斯蘭教如此，佛教也是如此。但道教不同，湯一介先生有一個觀點，他認為，多數宗教關心的是人死後如何，而道教所關注的乃是如何不死。

在這個意義上說，道教比儒學更進一步，儒學重生輕死，道教渴望長生不老，肉體飛升，不是死不死的事，而是乾脆就不死了。

道教關注人生，但不是一般的人生，而是要最充分地享受人生。道教對於錢財，對於享受，對於長生，從來都是不諱言的，而

且它的練丹術，除去羽化升仙的功效之外，還講究黃白之術。黃即黃金，白即白銀，通過練丹爐，化灰土為金銀，這樣的美事，那裏去找。而且也不忌諱兩性關係，叢林派，是不許結婚的，張天師一派，則不但可以結婚，而且子孫相傳，生生不已。就是叢林一派，也有採取陰精之術，例如文學作品中呂洞賓戲牡丹之類，這在道教看來，並非只是玩笑，而是嚴肅對待的。

道教在中國流行，且與儒學相互寬容，不是沒有原因的。

佛教與儒學相處則困難的多，因為它必須解決好忠與孝的問題。按佛教原理，和尚既已出家，便不再與君王和父母繼續原有的關係，和尚既不禮（即跪拜）皇帝，也不再有孝敬父、母的義務。

然而這二條在中國行不通，後來雙方妥協，特別是佛教一方妥協，才算有了安身立命之所。

佛教認為人生即苦，脫離苦海的方式即走向涅槃，涅槃定義並不與死亡相等，然而卻與死亡相關。這一點，也是中國人不易接受的。所以佛教進入中國，本土化問題。後來禪宗興起，淨土宗發達，情況就不同了。禪宋講頓悟，很合中國士大夫口味，與儒學溝通的機會多任重道遠了，而且相互補充的可能性大了。淨土宗認為「苦海無邊，回頭是岸」，所謂「放下屠刀，立地成佛」。淨土宗省卻繁瑣的定、慧雙修之法，認為只要念頌佛號，就能通達西方淨土──極樂世界。這樣的觀點，深受中國人熱愛，禪、淨二宗在中國取得獨特的文化成果，信有由哉！

儒、道、佛共同影響的結果，是使很多或者說絕大多數傳統中國人，既講禮貌，守禮教，又信佛通道。在他們的信仰世界中，禮教是不能違背的，三綱五常，人之大防，違背就是犯罪，甚至十惡不赦。但也有佛的地位，也有神鬼的地位。

而且和日本人不同。日本那裏是人、神分途，人對神有信仰，沒企望。信儘管信，但進升為神的希望是沒有的，我們中國的情況

就不一樣了，不但可以信神，而且可以成神。雖然日本神的世界亦是豐富多彩，但就是沒有留給人的位置。中國的神靈同樣豐富多彩，而且舉凡一切英雄豪傑之士，都有成神的希望。例如中國道教的神祇之多，是數不勝數的。劉邦是神，項羽也是神，曹操是神，劉備也是神，漢武帝是神，唐太宗也是神，關羽是神，張飛也是神，馬超是神，許褚也是神。不僅如此，連孫悟空、豬八戒都是神壇中的人物。你不要說，孫、豬二位神仙本是吳承恩的文學創作，屬於虛構範圍，但中國的神仙世界不管這套，只要你虛構得好，那麼，神壇之上，有他一席。

中國人的神仙世界中，不但歷史人物多，神話人物多，而且舉凡世界萬物，皆有靈驗，家畜中如牛、羊、犬、馬，野生動物中如虎、豹、豺、狼，植物中如松、梅、竹、蘭，日常用具中如燈、床、門、灶，都有神靈在的。

而且中國的神仙，也如凡人一樣，常常犯錯誤。而且凡心不死，動不動就要來人間活動，談談戀愛，找找情人，乃至生個娃兒都是有的。中國的神靈會犯錯誤，犯了錯誤還要受懲罰，輕的降級，重的降生，讓你到凡間來重新修煉，罪過再大一點，就有可能被玉皇大帝一怒之下，砍掉「神」頭，或者連人都做不成，乾脆做鬼去了。

可驚可異的是，中國的神界不但與人界相通，而且與鬼界相通。人死了為鬼，神仙死了也有可能作鬼。而鬼的世界也不像日本人心目中鬼世界那般黑暗——漆黑一團，一點光明也找不見的。中國的鬼世界中既有兇惡，也有善良，既有貪官污吏，也有清廉之士，更有些受屈受冤的孤魂冤鬼，專門到地獄中討公道打官司的。

更為令人驚異的是，在中國傳統文化中，鬼神雖然厲害，更厲害的還是皇帝。皇帝貴為天子，一般的神仙見到皇帝也要行面君之禮。而且中國的皇帝全是金口玉言，不但對自己的臣民一言九鼎，他甚至具有封神封鬼的權力，比如關雲長在神界的官職就不是玉皇

大帝或者別的什麼神仙封的，而是歷代皇帝加封的，孔夫子的文宣王職位也是由中國皇帝加封的，像鍾馗這樣專職打鬼的官，當然也是皇帝封的了。奇妙的是，皇帝雖是凡人，但他封了誰作神仙，誰馬上就有了仙氣，於是人們再去頂禮膜拜，這神仙便真的開始食人間香火，要新官上任，表現自己的官威了。

中國皇帝天上人間，權力大無邊，然而，皇帝畢竟是會死的，而死亡的皇帝──特別是前朝的皇帝後人是敢於批評他的。而且中國的史官特別是那些古來的正直史官，對皇帝的善惡絕不回避，他們為了記述一個事實，寧可丟掉自己的生命。

一方面，皇帝的權威至高無上；另一方面，皇帝也會犯錯誤，甚至有壞皇帝出現。而不論好皇帝、壞皇帝，他們總要死的，於是中國在皇帝的權威之上又有了「道」的權威。中國的神可以管人，人可以勝鬼，而皇帝可以統領一切，但他本身則受到道的檢驗，他的行為應合乎「道」的規範，合乎道的規範的皇帝就是好皇帝，所謂有道之君，否則就不是好皇帝，而成為無道昏君了。

這裏講的道，雖然包括道家的道的含義在內，但更重要的還是儒學的以三綱五常為核心的禮教體系。

這樣看來，中國人的信仰，實際上是對於禮教的特殊的推崇，以至有學者認為，中國的儒學也可以稱之為儒教。但儒學到底不是宗教，只是它具備了某種宗教性的功能。中國的這種把世俗學說變為某種帶有宗教功能的歷史舉動，自有它的妙處所在，也有它的局限所在，其中的優劣曲折，不是本書要詳細討論的。這裏說的，只是中國人的宗教文化背景的特徵和它在歷史上的獨特作用而已。

七、傳統死亡觀念的文化批判

傳統死亡文化的內容很多，這裏要批判的，主要是等級文化、強勢文化和厚葬文化。

1. 傳統死亡文化本質上屬於等級文化

一般認為，西方文化屬於二元性質，宗教是一元，世俗是一元。所以在中世紀後期，世俗權力與宗教權力之爭，成為整個西方文化必須面對的頭等大問題。因為西方文化這種二元性質，才給了近代商業以發展契機，才為近代城市化提供了條件，才為近代科技和人文思想的發展提供了可能。

中國傳統文化屬於一元性質，皇權最高，儒學最尊重和推崇的也是皇權，而不像西方那樣，教皇代表一種權力——神權，國王代表另一種權力——政權。

但這只是一般性的概括而論，實際上，站在儒學立場上看，它的價值取向既是一元的，又是二元的。一方面，它尊重和推崇皇權，另一方面，它又要求包括皇帝在內的一切人等都要尊重和遵守它所推崇的倫理道德原則。即使皇帝本人，如果違背了這些倫理原則，那麼，如果作為臣子，他就該兼治天下，向皇帝拼死進諫；如果作為在野之人，也該獨善其身，纇出於污泥而不染，保證自己絕對遵守這些道德規範。

　　事實上，中國歷史上，特別是西漢以來，確實代代皆有這樣的儒學典範人物，他們為著自己的理想，不怕殺身，不怕滅族，直言敢諫，寧死不辱。

　　可惜的是，儒學雖然有這樣的品性，但這品性本身卻是等級化了的。而等級化實際也就是一種奴化，而且是甘心情願自我奴化的奴化。因為它的核心理念和規範，就是三綱五常。

　　三綱即：君為臣綱，父為子綱，夫為妻綱。

　　五常即：仁、義、禮、智、信。

　　三綱五常，重點是三綱，核心也是三綱。而最要命的最不合乎現代精神的，也還是這三綱。

　　三綱說到底，就是人格的不平等，或者說是人格的等級化。

　　君為臣綱，君既為臣綱，那麼，君叫臣死臣就該死，臣若不死，就是不忠。

　　父為子綱，父既為子綱，那麼，父叫子亡子就該亡，子若不亡，就是不孝。

　　夫為妻綱，夫既為妻綱，那麼，夫死妻就必須守節，妻若再嫁，就是不節。

　　而不忠不孝不節都是莫大的罪名，這罪名不僅會讓當事人不得好死，就是死了，在陰曹地府那邊還要飽受折磨──這帳是永遠也算不完的。

　　我在前面說過，中國人對死的考慮，是更強調死的意義。如果死得有意義，那麼，用司馬遷的說法，就是「重如泰山」，否則，「輕如鴻毛」矣。你想，一個人的死到了輕如鴻毛的地步，這死當真是太不值了。

　　那些為君王而死的人，是重如泰山的，那些為孝道而死的人也是重如泰山的，那些為守節而死的人同樣重如泰山。這樣的人死

了，如果是男子，皇帝還要特加封贈，如果是女子，就有可能被立上一個大大的牌坊！

但是，一生的幸福都沒有了，立個牌坊，有什麼屁用！

這裏，討論幾位典型性人物和他們死亡的價值認定。

頭一個是屈原。

屈原是否為儒生，存疑。但他即使並不熟悉孔子的學說，他的一生行止是合乎孔學規範的，因此，中國人民紀念他，中國傳統文化推崇他，自有充分的內在的道德理由。

屈原其實不是一個成功的人物。他一生都不得志，他無限忠於楚國，自然也是無限忠於楚懷王，然而，楚懷王昏庸無道，是不會欣賞他的忠心的，也不會接受他的意見。但他本人似乎也不是一個改革人物，不像吳起、商鞅那樣的改革之士。至少我們從他留下的楚辭中看不到他是一個改革家的面目。

那是一個改革的時代，屈原既不是一個改革家，那麼，就算楚懷王能夠重用他，也是沒用——他雖然忠心耿耿，但僅靠忠心是改變不了一個國家的面貌的，更無法保證這國家的強盛。

但話又說回來，如果屈原真的是一位改革家，那麼他也許又不會有後世那樣的名聲了。戰國時代的改革人物甚多，然而成為後世楷模或被後世奉為楷模的人物，可說一個也沒有，無論是商鞅，是吳起，是韓非，是李斯，他們的名聲都不怎麼樣。可見中國傳統文化，尤其是中國儒學，確實有其致命的缺點存在，這缺點如不克服，是很難適應時代文明需要的。

屈原是否成功，另議：縱不成功，卻能殺自成仁。他的理想既不能實現，他所無限忠於的楚國既然已毫無希望，他就抱一塊石頭，跳進汨羅江裏去了。

屈原的死，成就了他一世英名，而且直到今天，人們還在紀念他。

　　但在我看來，屈原值得紀念的，主要是他的詩。他的確是一位偉大的詩人，至於他的死，在愛國意義上──如果我們硬要這樣理解的話，那麼，自然也有值得借鑒的內容在。

　　實際上，他的死並沒有多少現代性可言。因為我們很難區分，屈原是為楚國而死還是為楚王而死的。但在他那種文化背景下，這種區分實在也沒有必要。如果他愛楚國不愛楚王，那麼，就有叛臣之嫌。作為叛臣，還有什麼值得誇耀的呢？但為著楚王而死，又不值得現代人所尊敬了。這其實是一個悖論，跳出這個悖論的唯一辦法，只有以現代化的眼光重新審視那過往的一切人與事。

　　與屈原相近的人物是岳飛，而岳飛是被他所無限忠於的朝廷和皇帝親手殺害的。因此，岳飛的命運就具有更其悲壯的色彩，更何況，岳飛的一生行止，又有不同於屈原的地方。屈原的長處是會吟詩，他能吟出他那個時代最為出色的詩篇，而岳飛的特點是會打仗，他打仗，而且真真切切打敗過金朝侵略者，並且確實創造了北渡黃河直搗黃龍的機會或說某種可能性。

　　然而，現任的皇帝不同意他這樣做。可歎岳飛只知忠於皇帝，卻想不到老皇帝絕不等於少皇帝，前皇帝又不等於現皇帝，何況前面的兩位被俘的皇帝，一位是現任皇帝的兄長，一位更是現皇帝的親爹。你岳飛想把這二位牌皇帝迎接回來，將置現任皇帝於何地呢？

　　岳飛之忠，可謂愚忠。後人說他愚忠，是說他只知對皇帝負責，大概趙構心裏也不免罵他愚忠，趙構罵他愚忠，是他不知道他真正應該忠於的皇帝到底是誰。這愚忠開始不免使趙構心酸，繼而心急，繼而心怒，繼而怒火中燒，終於忍耐不住，和老賊秦檜商量商量，抓一個罪名，便把岳飛父子連同張憲一起，都殺掉了。

　　同屈原一樣，岳飛既忠於宋王朝，又忠於這宋王朝的皇帝，這在現代人看來是兩個概念。於是有人就評價岳飛，說他是民族的英

雄,皇權的奴才。其實,在他那個時代,這兩個概念是不可分的,就如同屈原所外的歷史情勢一樣。

岳飛打敗金軍,北渡黃河,趙構急了,十二道金牌調他歸朝。有人以為,作為愛國者的岳飛,就該拒絕趙構的命令,「將在外君命有所不受」,繼續揮師北上。殊不知這只是一種幻想,岳飛若不接旨受命,則三軍是否聽令都成問題,而他出師的根據即合法性也有了問題。他所依仗的是王者之師,而這王者,就是宋王朝皇帝趙構,你不忠於皇帝,就不再是王師,而成了野師。野師與起義軍有什麼不同,在那樣的時代,起義軍與匪徒又有什麼不同?更何況,岳飛既是忠臣孝子,在他心目中,王權自然高於一切。讓他出師,雖母喪之期亦當出師;讓他自殺,雖天大冤屈也必須自殺,就是別人不同意他自殺,他本人也不會答應的。

岳飛回到朝廷,好景不長,被人家弄一個莫須有的罪名,捕到獄中去了。初一審,審判官還有良心,說他的罪名查無實據。那麼好,連帶審判官的官兒也罷了,換個皇帝的心腹再審,再審使用非刑,便定了岳飛和他長子岳雲及他手下第一位得力幹將張憲的罪。原本的判決方案是處岳飛死刑,岳雲發配邊遠之地,但這判決書到了趙構手裏,那趙構小兒覺得很不解氣,便把岳雲張憲一齊改為死刑。

岳飛被判死刑,兒子要越獄,他還堅決不同意,那情形真如同《水滸傳》裏的宋江,自己忠心一世,到了被朝廷處死的關頭,還要拉上李逵,因為他怕呀——他怕這李逵留在世上會壞了他忠於皇帝的一世英名。

我們反過來想,如果岳飛不是這樣的愚忠,岳雲要越獄,他就同意,或者乾脆自己就帶頭越獄,至少也要大鬧公堂,指權賊,罵皇帝,發憤懣,叛愚忠,那麼,後來的皇帝還會給他平反嗎?後來的人們還會紀念他嗎?即使紀念他,還會稱他為岳聖,推他作為儒學的典範嗎?

　　這樣看來，就不是岳飛或者秦檜或者趙構個人人品問題，而是他們所處的那種文化從根本上說，早已不適應這一現代要求，早該任其解體了。

　　更可悲的是，明明是趙構主謀殺了岳飛，人們卻把所有的怨恨盡撒在秦檜和他老婆身上，撒在萬俟卨、張俊這兩個幫兇或與謀者身上，還要讓他們裸體跪在杭州的岳廟之前，千年百歲，受人唾罵！萬俟卨自是幫兇，張俊尤需另當別論，但無論如何讓他們替趙構承擔罪責，確有不公。

　　然而，傳統中國人的脾氣，是一定要反貪官卻一定不反皇帝的，而這正是中國文化的悲劇所在。

　　最為可悲的是，這種愛國與忠君混為一談的奇異政策，一直到現代，至少一直到「文化大革命」中猶然如此，而且有越演越烈之勢。

　　「文革」時代，愛國就是愛領袖，而為著忠於領袖，公、檢、法都可以砸爛，國家主席都可以批判，所謂「造反有理」，所謂「大鳴大放大字報大辯論」，所謂「反修防修」種種美名，骨子裏還是二千年前的一攤子舊貨。好像只要忠於毛主席，就有了一切理由，反之，就有了天大的罪名。張志新對這一點不理解，結果被判了刑，被殺了頭。殺頭之前，把喉嚨都割斷了，為什麼──怕她再發出不利於偉大領袖和偉大的無產階級專政的聲音。

　　作為現代公民，應該忠於祖國，必須忠於憲法，而無須也沒有任何理由和根據忠於任何一個人。即使領袖，即使偉大領袖，也一樣應該忠於憲法，服務於人民。否則，法律就要對其進行制裁，這要的邏輯才是天經地義。這樣的道理還不清楚嗎？可悲可歎可哭可泣可悔可恨可怨可憤可怕的是，我們往往以人民的名義幹了損害人民的事情，而且還要自以為理直氣壯，在那裏莊莊然，儼儼然，洶洶然，隆隆然，好像真理全在自己手中一般。

　　中國歷史悠久，如屈原、岳飛一般的人物不少，限於本書體例，不再多舉。為著使問題變得更為清晰，似乎還有舉幾個「負面」例子的必要。

　　一個反面例子，是西漢的丁公。這丁公原是項羽陣營中的將軍，一次劉邦戰敗，拼死逃命，追趕他而且能夠追上他要了他命的，就是這位丁公。偏這丁公不願殺劉邦，他箭射劉邦時，先把箭簇去掉了。用這無頭的箭，去射殺劉邦——其實是放劉邦逃命。劉邦在他的幫助下，果然死裏逃生。

　　後來，劉邦消滅了項羽，取得了天下，這丁公自以為有功，於是得意洋洋去見劉邦，然而，劉邦非但不感謝他，一見他面，便勃然大怒，說他為臣而不忠，這樣的人留下必成禍患，當下喝令刀斧手，把他推出帳下，砍了頭顱。

　　這丁公其實冤得很，冤得天都要下淚，地都要不平，沙漠都要冒水，陽光都要變速。

　　要說不忠於舊主那樣的人，劉邦帳下可不是一位兩位。陳平就是一個叛臣，韓信也是一員叛臣，彭越來路不正，英布更是項羽手下的驍將。不要說這些，就是蕭何、曹參，何嘗不是秦王朝的官吏，連他劉邦在內，都是秦朝的亭長。

　　但人家劉邦是個無賴，想說天是你的，天就是你的。想說煤是白的，煤就是白的。皇權大如天，劉皇帝意欲如此，看你們其奈他何？

　　殺丁公不過是要確立一種價值觀念，這種價值觀念就是人臣第一要事是不能背叛主子，凡背叛主子的，儘管救過新主子的命，到頭來還不是一樣落一個身首異處的可怕下場。這是中國式的死亡哲學之一種，因為你不忠，所以讓你死。而且還有死亡哲學之二種，即蓋棺才能定論，甚至雖然蓋棺還不能定義。例如明清之際的顯官要員洪承疇，他被歸入二臣傳，連個喊冤的人或機會都沒有哩！

丁公死了，冤。

洪承疇呢？洪承疇何許人也？

明王朝一大重臣也，明王朝一大叛臣也；清王朝一大功臣也，清王朝一大二臣也。

洪承疇一生，先為明王朝服務，在鎮壓農民起義軍方面也曾屢立戰功；以後奉命鎮守遼東，與清軍作戰，因為明王朝的腐敗，兵也不足，糧也不繼，心也不齊，指揮亦不當，於錦州被清軍攻破時被俘，後來便投降了清朝。

既降清之後，洪承疇的後半生便一心一意為清王朝服務，尤其入關之後，作為清軍的一個重要將領，曾為清王朝滅亡明朝，起到了重要的作用。

洪承疇這一類人，被明王朝痛罵，自在情理之中。加上「洪母罵疇」等文藝作品的宣傳，洪承疇的名聲，可謂臭名昭彰，盡人皆知。

然而，最令人驚異的是，不但明人罵他，清王朝也終於對他不再感冒，到了乾隆時代，奉皇帝御旨。他終於被打入二臣傳，以明王朝罪人之身成了清人的批判對象。

乾隆所代表的清王朝為什麼要批判和貶低洪承疇？那理由正與劉邦殺丁公的理由相同。

從此洪承疇成了豬八戒照鏡子──裏外不是人，或者乾脆應該說是洪承疇照鏡子──裏外都不是好人。

而且對洪承疇的批判，自明崇禎時代起，一直未曾間斷。明王朝罵他，清王朝罵他，國民黨時期罵他，共產黨掌握了政權，依然罵他。

然而，這在邏輯上有些說不通的地方。

哪些地方邏輯不通？

其一，李自成可以造反，洪承疇不能投降，這邏輯不通。

李自成是造反者，而且還是篡位者，雖然他當皇帝的時間是太短了。因此，他們的王朝都不被歷史學家正式列入中國歷代王朝的變更系列。正如我們常說唐、宋、元、明、清，並不把他的大順朝列為一朝的習慣相同。

李自成造反，即是不忠，洪承疇投降清軍還是不忠。如果說，明王朝好得很，李自成原本不該造反，那麼，洪承疇投降異族，就該釘在恥辱柱上，讓他永世不得翻身。如果說，明王朝已然爛透，是人就該造他的反，那麼洪承疇即使投降了敵人，也沒有大錯，或者說也沒有值得大驚小怪的地方。可惜這樣的邏輯，直到今天，也很少有人去想的，想來認可這邏輯的人恐怕也不多。

其二，劉永福既可投靠李自成，洪承疇也可投降皇太極。

李自成軍中，投降的明代官員亦不算少，他當了大順皇帝，當然投降的人就更多了。就是不曾當皇帝時，也有儒生牛金星、李岩歸順，更有山西太原守將劉永福投降。李岩其人，學界多有疑問，且不管他。牛金星其人是沒有疑問的，學界對他印象也不佳。但是並不曾因為他投靠李自成才對他印象不好，而是因為他做了大順朝的宰相，卻沒有保證大順朝的平安，才對他印象不佳。然而，他投降李自成與洪承疇投降皇太極真的有什麼本質區別嗎？洪承疇投降皇太極是對明王朝的不忠，牛金星投靠李自成就是對明王朝的忠誠嗎？這個邏輯，也有不通。

其三，順治、康熙的歷史作用既被認可，洪承疇的歷史作用也該另作分析。

如果說，洪承疇不同於劉永福，是因為劉永福雖然投降了李自成，是我們漢民族之間的事，因而不能算作叛徒和漢奸，而洪承疇投降清人，卻是兩個民族之間的事，所以必須算作叛徒和漢奸。

　　但這有邏輯上的毛病。如果強調民族衝突，那麼順治、康熙則是侵略者，漢人就不該承認他們的歷史地位，所謂康熙大帝云云，只是一個侵略者的作威作福罷了。而且一切在清王朝為官的漢人，前者如林則徐，後者如曾國藩，加上關天培，還有李鴻章，以及清官于成龍統統都是漢人的叛徒，清人的奴才。如果這個邏輯不能成立，那麼苛求於洪承疇也似有不妥。

　　換句話說，如果我們承認，順治康熙時代，他們對中國是有歷史貢獻的，而且不論漢族、滿族，都是中華民族，那麼，就不能把洪承疇作為特例處理。那種既要洪承疇為清人賣力，又罵他為清人賣力，既贊成清王朝統一中國，又否定幫助清王朝統一中國者的邏輯，正是乾隆皇帝的邏輯。對於乾隆皇帝的邏輯，我們這些現代人能夠同意它嗎？

　　作者花這樣的篇幅討論洪承疇，並非想為他作翻案文章，作者的主要意思是說，對中國傳統文化的價值觀念，需要作出新的審視和判斷。

　　換句話說，我們現在評價一個人，不是看他是否忠於某個王朝，某位領袖，或者某種原則，而是看他對歷史的進步是否有益。我們寧可看他背叛自己的陣營，也不願看他背謬歷史，寧可相信一個服從歷史的小人，也不相信一個背對歷史的君子。

　　儒學的三綱五常，表彰的只是忠者、孝者、節者，而這一切，正是我們要批判的。連賈寶玉那樣的文學人物，都對「文死諫，武死戰」大為不滿，如果現代中國人還囿於舊的死亡價值觀念而不能自拔，那就不僅是古人的悲哀而是今人的悲哀了。

　　傳統文化的這種等級觀念，幾乎無所不在。而且經過各種方式以傳播灌輸，引誘、打擊，它的影響就更是無孔不入了。

　　傳統京劇中有《草橋關》、《打金磚》，1949 年以後，改編成全本的《姚期》，劇本寫姚期的兒子打死了當朝國丈，姚期準備綁子

上殿請罪，他的夫人和他同去。他讓他的僕人散去，他們不肯，也要追隨他去領罪。於是姚期感動了，有聲有色，聲淚俱下地表達自己的感動心情。他說：

我死為忠，子死為孝，妻死為節，今日你們大家成全我一個「義」字，來，來，來，受我一拜。

這情節在那樣的文化背景下合情合理，不但合情合理，而且還十分感人。但站在今天的視角看，這樣的理念實在荒唐，絕對荒唐。

一個人要為皇帝去死，你去死好了，但是不。他還要兒子一塊去死，還要夫人一塊去死，甚至他的僕人要求隨他一塊同赴死，他不但不拒絕，還要熱血沸騰，感動得熱淚長流。可驚可駭的是，這死還要死的大有名堂，自己死不叫死，叫作忠；兒子的死，也不叫死，叫作孝；夫人的死叫作節；家中僕人們的死叫作義。這樣的忠、孝、節、義，不但可恨，而且可怕；不但可怕，而且可厭；不但可厭，而且散發著一種古老的墳墓之氣。什麼忠、孝、節、義，呸！

中國歷史如此悠久，為著這忠、孝、節、義，犧牲了多少無辜的性命。因為你為忠、孝、節、義死了，還要表彰你，給你樹個大大的牌坊。

中國歷史如此悠久，因為不合這忠、孝、節、義，又被毀壞了多少性命。別的不說，只說通姦這件事，對於通姦的妻子，丈夫就有權力殺之；對於所謂不潔的女子，家族又有權力逼她自殺，或者將其沉潭，將其投江，以及用種種方式將其折磨至死，而且這死者還要永遠背著一個不貞不節的罪名。

禮教害人，因為禮教重於人生。這好比帽子的重要性越過了戴帽子的人，結果，不是帽子為人服務，而是人為帽子服務，因為你服務的不好，帽子一生氣，把你殺了。這不是笑談，這是歷史。難怪戴東原曾滿懷激情地得出：

以法殺人，猶有憐之者，以禮殺人，其誰憐之！

2. 強勢者是神，弱勢者是鬼

強勢文化其實也是禮教等級文化的一種表現，或者說是它的必然後果。

什麼是死亡文化中的強勢文化？

說通俗點，就是強勢者死了，要大悲大傷大哀大慟，而弱勢者死了，則有悲無哀，有痛無淚，或者乾脆是笑談。

為什麼？

因為在等級制度下，人是分等的，不是說：「龍生九種，種種各別」嗎？人的等級，豈止九種，而且等與等之間的差異，還要更其巨大。龍生九種，種種各別，畢竟還是龍啊，比如性好馱碑的贔屭，雖然樣子長得很像一隻老龜，但它卻是龍種。而人的等級差異，差不多就是龍與魚的區別，龍與蟲的區別，龍與泥土的區別，龍與垃圾的區別。

皇帝死了，連死這個字都不能說，一說，准死，不是上天有靈，罰你去死，而是皇家的鷹犬甚多，嗅到一點味道，便要將你處死。

明明是死了，偏說是「駕崩」，而且要國葬。

國葬其實現在也有，雷根總統去世前，美國政府即發出文告，準備為他舉行國葬，因為什麼？因為他總統做得好，人民對他充滿敬意。

但中國的皇帝，不論好壞，只要你是皇帝，死了就要國葬，而且舉國上下，都要舉哀。在這期間，戲是不能唱了，歌也不能唱，連漂亮一點的衣服都不能穿。侯寶林的相聲《改行》曾經諷刺過這種荒誕野蠻而又滑稽的國葬，那情形當真是既可惡又可笑，但在當時，卻是一臉的嚴肅。

　　強勢文化，強者的命才算命，弱者的命根本就不是命。因為強者貴，或者說貴者強，強而又貴，貴而又強的，這是一種中國式的馬太效應，其結果，是強者益強，貴者益貴；從而貧者益貧，賤者益賤，弱者益弱，幾無出頭之日矣。

　　例如戰爭，將軍的命才算命，士兵的命根本不能算命，死就死了，有什麼了不起，甚至死幾千，死幾萬，又有什麼了不起。中國寫戰爭的古典小說不少，例如《三國演義》，例如《東周列國志》，例如《隋唐演義》，例如《明英烈》，但寫到戰爭的勝負，幾乎全與小人物──士兵無關。將帥才是主角，士兵只是陪襯。一仗打敗了，折兵三兩千人，那還是小數，大敗，折兵二三萬，再大的敗仗，要死傷幾十萬。然而，三筆兩筆，帶了過去，好像死的全不是人命，而只是一堆數字。

　　赤壁大戰可說是三國時代數一數二的大戰役，曹操 83 萬人馬，對外號稱 100 萬。83 萬人，是何等巨大的數字，現在的俄羅斯，不過有軍隊 200 多萬人，近日還要裁員 60 萬。83 萬，一仗，按照小說的說法，把曹兵打慘了，不可一世的奸雄曹孟德只帶著300 餘騎人馬狼狽逃回，還一兒碰上趙雲，一會兒遇見張飛，最末又狹路逢關羽。遇到關羽時，只剩下 27 騎人馬。

　　這樣的大失敗，可悲不可悲，可慘不可慘，請問幾十萬人的死亡當是一個什麼樣的場面。然而，到了作者筆下，也不過寥寥數行書，書中這樣描寫──

　　卻說當日滿江火滾，喊聲震地。左邊是韓當、蔣欽兩軍從赤壁西邊殺來，右邊是周秦、陳武兩軍從赤壁東邊殺來，正中是周瑜、程普，徐盛、丁奉大隊船隻都到。火須兵應，兵仗火威。此正是：三江水戰，赤壁鏖兵。曹軍著槍中箭、火焚水溺者，不計其數。後人有詩曰：

> 魏吳爭鬥決雌雄，赤壁樓船一掃空。
> 烈火初張照雲海，周郎曾此破曹公。[1]

連敘帶議，一共用了 128 個字，就把曹軍 80 多萬人的生死之事給解決了，一個字就代表了 6412 個生命還要多些。

當然歷史事實不是如此，但即使真正的史書，所斤斤計較的也只是雙方的功績與得失，對於士兵的存亡，同樣不予注意。

《三國演義》如此，其他寫戰爭的小說亦無不如此。然而，那些陣亡的士兵，他們就不是人嗎？他們就沒有妻兒老小嗎？他們的老父老母就不牽腸掛肚倚欄扶門望眼欲穿地盼著自己的兒子歸來嗎？

然而，因為他們是弱者，是無足輕重的小人物，只要戰爭贏了，多死幾千人少死幾萬人有什麼打緊；戰爭打輸了，連皇帝老子的龍庭都保不住，多死幾萬人，少死幾千人又有什麼用？

正是這樣的邏輯，使統治者視人命如草芥。

也正是這樣的邏輯，令現代人——具有現代頭腦的現代人讀之蒙羞，思之寒心。

然而，比士兵更不幸的乃是老百姓。

老百姓無權無勢、無錢無勢，手裏連個鐵片刀都沒有。土匪來了，也殺老百姓，軍隊來了，還殺老百姓。董卓進京，不過幾個月時間，把個長安城洗劫一空，老百姓死了多少不得而知。《三國演義》一部書，寫了不過 1 個世紀的歷史，然而，幾十年間，三國的人口便從幾千萬降到幾百萬，死亡的人數約有十之七八，曹操為此慨歎：「白骨露於野，千里無雞鳴。」不但人連殺帶餓，連餓帶病，快要死光了，連雞都看不見了。這樣的慘景，沒有幾個人去關心它，人們關心的還是大漢皇叔的命運，還是漢王朝的國運，或者諸侯的成敗，將帥的興亡。

---

[1]　《三國演義》，第 667 頁。

　　就在這樣的歷史背景下，那個長著一雙大耳如豬八戒兩隻長臂如黑猩猩的劉備兵敗逃亡時，住在一個叫劉安的混帳東西家裏。這劉安一見大漢皇叔，「話」都不會「說」了，只為家裏沒有肉招待劉備，急得尿都沒了，索性把自己的妻子殺了，割用妻子的肉為劉備壓驚洗塵，偏這劉備還吃得津津有味。

　　這樣的事情，聽起來都讓人覺得噁心。然而，《三國演義》的作者，還把它當作正面的好典型哩！

　　如此等等，強者既如野獸，那弱者還算人嗎？

　　即使如《水滸傳》這樣的所謂寫農民起義的小說，對於弱勢人群同樣視為糞土。毛主席說：「糞土當年萬戶侯。」這其實是一句革命的詞句，但在那樣的時代，老百姓才是糞土哩！而且每每遇見熱鬧的場面，甚至英雄人物大顯神威的場面，老百姓的性命連糞土不如。

　　梁山人物中，有位好漢李逵，人稱黑旋風，不但殺貪官，而且罵皇帝，但殺起老百姓來，同樣瘋狂。且看大鬧江州劫法場的李逵是怎樣一個貨色——

　　只見人叢黑那個黑大漢，輪兩把板斧，一味地砍將來……晁蓋便叫背宋江、戴宗的兩個小嘍囉，只顧跟著那黑大漢走。當下去十字街口，不問軍官百姓，殺得屍橫遍地，血流成渠，推倒顛翻的，不計其數。眾頭領撇了車輛擔仗，一行人盡跟了黑大漢，直殺出城來。背後花榮、黃信、呂方、郭盛，四張弓箭飛蝗般望後射來。那江州軍民百姓，誰敢近前。這黑大漢直殺到江邊來，身上血濺滿身，兀自在江邊殺人。晁蓋便挺撲刀叫道：「不幹百姓事，休只管傷人！」那漢那裏來聽叫喚，一斧一個，排頭兒砍將去。[2]

　　引文中加著重號為引者所加，其實即使加著重號，讀者也可以看出，那李逵殺的都是些什麼人的！

---

[2]　《水滸傳》，上冊，第 745 頁。

李逵是好漢，殺官軍的好漢，殺貪官的好漢，但一時殺得性起，便拿老百姓祭起斧子來，而且一但開了殺戒，管你什麼無辜的良民，熱心的看客，腳慢的老人，年幼的孩子，偶然出頭露面的婦女，以及出門經商的商人，也許還有尋醫問藥的病人，本英雄一怒，管他三七二十一，便叫你血光飛處，血流成渠。

這個鳥李逵，倘若活到今天，國際法庭第一個要判處死刑的就是他，至於米洛舍維奇之流，不過小巫見大巫罷了。

中國傳統長篇小說中最為出類拔萃的巨作《紅樓夢》，雖然在探求愛情婚姻方面有著空前的突破，但寫到等級人格的時候，舊的東西同樣時隱時現。賈寶玉應該屬於最現代的人物了，林黛玉應該是追求愛情生活的古典代表人物了。然而，他們身上，依然打著等級文化的深深烙印。

賈寶玉的愛情並不專注，但林黛玉只是嫉妒寶釵，絕不嫉妒襲人，而且還要口口聲聲管著襲人叫「嫂子」，晴雯本人是深受欺負的弱者，然而，她打起比她地位更低下的丫環來，一樣的狠心。

這個且不說，只說晴雯死了，賈寶玉心情沉重，為著寄託自己的哀思，寫下了那篇感人至深的《芙蓉誄》，月下備禮，祭奠佳人。

這原本是一個多麼令人悲傷的場面，然而，作者筆鋒一轉，轉出了不合諧音──

話說寶玉才祭奠了晴雯，只聽花影中有人聲，倒嚇了一跳。走出來細看，不是別人，卻是林黛玉，滿面含笑，口內說道：「好新奇的祭文！可與曹娥碑並傳的了。」寶玉聽了，不覺紅了臉，笑答道：「我想著世上這些祭文都編於熟爛了，所以改個新樣，原不過是我一時的頑意，誰知又被你聽見了。有什麼大使不得的，何不改削改削。」[3]

3　《紅樓夢》下冊，第 1179 頁。

後面還有諸如修改「紅綃帳裏，公子多情，黃土壟中，女兒薄命」等等的話，與本題關係不大，不管他了。

只說，林黛玉聽祭文，——她的命運其實與晴雯是一樣的，至少相差無多——聽的滿面含笑，就令人大為不解。而賈寶玉本來一心沉重祭晴雯，那祭文確實也是用淚寫出，用血寫成。然而，一見黛玉，魂就沒了，馬上破哀為笑，還要說：「原不過是我一時的頑意」，又讓人大感不解。

今人雖然大惑不解，林黛玉卻自有她的邏輯在。畢竟晴雯在她眼裏不過是個丫環，一個丫環死了，又能怎麼樣呢？難道還要叫一位千金小姐去為一個區區不才的小丫環痛哭流淚嗎？

林黛玉不妒襲人，因為襲人也是一個丫頭，頂多頂多給寶玉當個妾罷了。憑林黛玉可能的未來夫人身份，與一個小妾爭風吃醋，那不是太小氣了嗎？

晴雯只是一個丫頭，丫頭死了，就讓她去吧，只要賈寶玉不變心，不生病，不負她一片勞心，也就天好地好，雲美花香。

今人不解賈寶玉，那賈寶玉也有他的邏輯。他喜歡晴雯是出於真心的，但他絕對沒有明媒正娶晴雯的心思。他喜歡晴雯只是因為晴雯對他忠心，能為他給林黛玉送手帕，沒日沒夜陪他玩樂。他心中的婚姻對象，只是一個林黛玉，討他歡心的晴雯也罷，不甚討他歡心的襲人也罷，對他精心服務的麝月也罷，都不過是丫環罷了。在這一點上，他的價值觀念正與林黛玉相同。

《紅樓夢》尚且如此，可知儒學禮教的影響是何等之深。

強勢死亡文化的強勢概念又是相對的。

皇帝與王爺相比，強勢一方是皇帝；

王爺與臣僚相比，強勢一方是王爺；

高官與中下官僚相比，強勢一方是高官；

官吏與民相比，強勢一方是官吏；

民又分貧者富者，強勢一方是富者；

男性與女性相比，強勢一方是男性；

父親與兒子相比，強勢一方是父親；

主與奴相比，強勢一方是主子；

奴婢又分大小，有高等奴婢也有低等奴婢，強勢一方是高等奴婢；健全人與殘疾人相比，強勢一方是健全人。如此等等。

古來中國人的等級實在是太多了，不但主上有主，而且奴下有奴，那形狀真如一座無數層的寶塔，每級之間，均有強弱之分。處在最下層的人群，人數是最多的，也是最沒有權力，最沒有尊嚴，最沒有前途，最沒有生命保證的。

處在這一層的人，只能叫你活，你就活；叫你死，你就死，而且活也是苟延殘喘的苟活而已，死也一大半要死得窩窩囊囊，甚至無聲無息。

最觸目驚心的是，列位看官切莫以為上面所述只是些陳年舊事，陳芝麻爛穀子。現在都什麼時代了，還喋喋不休要說這些文物式的塌塌事？

但我要說，凡是關心時事，而且經常看報紙的人都知道，就在今天，就在人類一隻腳已即將邁入 21 世紀的今天，在我們中國大陸，還常常發生一些無法無天視人命如草芥的事情，其中一件，就是杜書貴槍殺無辜案。

這樁血案發生在 2000 年 6 月 4 日上午 8 時 10 分左右，當時杜書貴正和他妻子、兒子開車去信安鎮走親戚，行至 112 國道的霸州收費站西 300 米處，與同向行駛的市供電局工程車險些發生刮蹭，雙方產生口角。爭吵過程中，杜書貴拔出隨身攜帶的五四式手槍，將子彈上鏜，並當場將供電局職工牛亞軍打死。[4]

4　見《北京晚報》2006 年 6 月 20 日第 12 版。

杜書貴是什麼人？敢光天化日之下開槍殺人。

杜書貴是一位員警，在我們中國大陸是稱為人民警察的。又不是一般員警，而是派出所的副所長。就是這樣一位名為人民警察而頭頂派出所到所長頭銜的杜書貴，因為險些碰車發生了口角，就開槍把人打死了！槍殺無辜，十惡不赦。

然而，他還要狡辯，他的妻子和兒子還要為他作偽證。說他只是鳴槍示警，說對方有人要搶他的槍，說自己絕非有意殺人，而是走火損傷致人死命！種種說詞，醜惡之極。

然而，廊坊市與霸州市的調查組的結論卻與杜書貴的狡辯頗多相似之處。

這尤其令人大惑不解，而且民憤難平。

《北京晚報》據此，以「霸州槍殺案」追蹤報導——

幸而，公安部領導明確指出：

杜書貴當時不是在執行任務，不存在「鳴槍警示」的問題。

「慌亂之中，槍支走火，造成誤傷」的結論不能令人信服。

對辦案過程要認真調查，如果發現有報負行為，堅決查處。

天理昭昭，真相終於大白。然而，因為是警員，因為你手中有槍，就可以以某種理由開槍殺人的事件，並非只是這一件。退一萬步講，即使只有這一件，也足以引起全中國人民的思索，應引起所有強力部門的公務人員反思，也足以引起國家各級政府的重視。

然而，類似的事還多著呢！

就在《北京晚報》追蹤報導杜書貴殺人案的同一版面，另有兩條消息，這兩條消息，同樣令人無比憤慨，而且令人瞠目結舌。

一條消息的題目是：

「不買我的老鼠藥，抄你東西軋你人」

副標題是：鄭州金水區人民路城管人員真霸道。

　　該報導說：「鄭州下崗職工習燕開了一家小飯館，今年 3 月 20 日晚，金水區人民路街道辦事處的城管人員要求習燕拿出 100 元到辦事處買鼠藥和毒餌盒，習燕的丈夫嫌貴，便自行買了滅鼠用具。」

　　因為他們夫妻沒照城管人員的指示辦，於是惹惱了一夥「強人」。於是他們在 3 月 28 日來到這家小飯館，「七八個人闖進門把兩台冰櫃和一台消毒櫃搬到他們的汽車上，轉身又到廚房，抄走兩把菜刀。」

　　習燕的丈夫不讓車走，恰好來上班的習燕也拉住車門，「而坐在司機旁邊的一個人一努嘴，司機二話不說，不顧拉著車門的習燕，一腳踩下了油門。汽車轟然啟動，習燕倒地，車輛從她的右腿到右腹到右胸再到右膀直軋下去……經醫院診斷，習燕的八根肋骨已斷，胸腹部積血並危及肝臟，生命危在旦夕。」

　　你讓滅鼠，人家也買了滅鼠用具，你憑什麼還要來抄人家的飯館。

　　就是不買滅鼠用具，沒有滅鼠，就該抄人家的飯館嗎？

　　不但抄人家的飯館，而且膽敢開車傷人，致使無辜者生命垂危，「危在旦夕」。

　　而這一切，不過是因為人家沒有買你規定買的鼠藥而已。

　　而敢於這樣做的，只不過因為行兇者是鄭州市金水區的城管人員。

　　以這樣的惡行，對比黑旋風李逵，我們簡直要說，李逵先生還是一位仁者呢！他殺人固然殺人，畢竟沒有兇惡到為了一包滅鼠藥而蓄意傷人的程度。

　　同一版的另一條消息上說：

　　「貞操鎖」案昨敲定一審結果，

　　「姚獸醫」被判刑五年。

　　這姚獸醫又是何許人也：

他是一位開私人診所的所謂醫生，而且他的診所居然恬不知恥，叫做「愛心診所」。他與一位劉姓年輕女子同居，因懷疑這女子有不貞行為，就將她捆起來，「對劉的外陰進行麻醉後，姚野蠻地在其陰部劃開口子鎖住其陰部。」

這等事不但令人無比憤慨，而且令人瞠目結舌。

無比憤慨，是光天化日之下，竟有如此多的獸行存在於人世之間。

瞠目結舌，是我們禁不住要懷疑，這是西元 2000 年發生的事嗎？這是西元 2000 年應該發生的事嗎？這是西元 2000 年可能發生的事嗎？

而且我們常常為社會主義制度興高彩烈，為黨的領導高唱頌歌，為無產階級專政的大好形勢而洋洋自得哩！

有人說，凡此種種，都與傳統文化有關，畢竟中國傳統文化的歷史太過悠久，生命力太過強大，其歷史的慣性同樣不可忽視的。

然而，把這一切都推到傳統文化身上，我們自己不覺得害羞嗎？

即便它們件件與傳統文化有關，問題的要害是，為什麼這些傳統的東西總能沉渣泛起，總能死灰復燃，總有那麼多的市場，而且總是百足之蟲，死而不僵呢？

這些問題，確實值得我們認真思考。

3. 厚葬的文化含義：規矩、面子與風水

厚葬不是中國獨有，日本也是主張厚葬的國家，而且其厚葬的文化心理，根深蒂固，不是輕意可以改變的。古埃及也是主張厚葬的國家，金字塔就是一個歷史的明證。南亞一些國家例如印度也是如此，印度的泰姬陵聲名聞於遐邇，也是厚葬的一個代表。

但中國的厚葬有自己的文化特色，用最簡捷的語言表述，中國的厚葬乃是禮教的產物。

中國不是宗教性國家，厚葬雖然與靈魂和陰間那樣的觀念不能說沒有關係，但關係不大也不直接，如果像基督教那般相信靈魂和上帝，中國的歷代皇陵必不是這樣的修法；如果真的相信有陰間和閻羅地府，中國的歷代皇陵又不是這樣的修法。

中國人重視生活，但死亡又不能避免，很多所謂有作為有能力有氣概有創造的皇帝，在死亡面前，表現平庸，完全是二流三流五流六流的角色，例如秦皇、漢武，在妄想長生方面都平庸到低能兒的水平。

他們一方面想長生，一方面又終於承認無法長生，於是退而求其次，便想把人間的權力與富貴帶到陰間去，其最喜歡最有效的辦法就是大修陵墓，恨不得讓自己的寢陵如同皇宮一般。

換個說法，厚葬的意義在於，從死者這個角度看，他是要使自己在那一邊有一個非凡的安頓之所。而從生者這一面看，厚葬又表示了生者對於死者的孝道與人道。

順便說，中國人的人道，常常不表現在對死者生前的悉心關懷和照料上。平民百姓不說，只說貴為天子的皇帝，當他活著的時候，他的兒子們更關心的是他的遺詔，關心誰是他的繼承人，這繼承人和自己的關係如何，以及在他去世之後，會有什麼樣的好的或不好的變故。我們不能說，凡皇帝的兒子在他們的父親死亡之時考慮的全是國事、私事，就沒有一點孝道之心，恐怕也不是這樣，但利害的考慮顯然佔據著特別重要的位置。然而一但皇帝死了──駕崩了，不論接班人是誰，也不論他的兒孫臣子們的得失利益如何，那喪事是一定要大辦而特辦的，以此表示兒孫的孝，也表示整個王朝對先皇的哀痛與懷念。

中國人主張厚葬，而且是禮教性的厚葬，於是產生了複雜無比的喪葬文化。這個地方，且挑出三個問題來作為典型議論。

這三個問題是規矩、臉面與風水。

先說規矩。

其實規矩差不多就等於禮教，或者說是禮教的形式化、具體化。中國是禮教國家，規矩之多，足以令人頭大。

規矩之多之嚴不只喪事而已，但在喪事期間，來得更其嚴厲和整肅。比如平時，皇帝高興，有人犯了點規矩，有可能得到原諒，龍心正在大悅，不和爾等計較了。但喪事期間，心情好的少而又少，心情惡劣的多而又多，此時你壞規矩，首先是對先皇的大不敬，且這些先主的龍子龍孫正一肚子不快沒個發洩處，說不定該打的就給殺了，該殺的就給剮了，該剮的就給滅門了。喪事期間，不但要人人作悲痛欲絕狀，而且個個內心緊張無比。

皇帝的喪事，又是國家大典，穿什麼衣服，站什麼位置，行什麼禮節，執什麼祭物，一招一式，都有嚴格的規定。一絲一扣，都疏忽不得，更差錯不得。喪禮的規矩，當以皇家為最嚴厲，但不僅皇家而已。凡是看過《紅樓夢》的，可以知道王侯之家是怎麼辦喪事的。凡是看過《金瓶梅》的，又可以知道一些地方暴發戶是怎麼辦喪事的。凡是看過《水滸傳》的，還可以知道平民百姓是怎麼辦喪事的。

這種遺風直到今天，依然在鄉間流傳不息。比如我的家鄉——河北省保定市這一帶，鄉間的喪事，依然規矩如儀，還是按老一套辦。有的地方如高碑店市，是必須要火化的，農民的應對辦法是，你讓火化就火化，但火化之後，該怎麼辦還怎麼辦。其意若曰：任你千變萬化，祖宗的規矩是不能改的。

比如喪事程式，不能改；比如喪服，不能改；比如親友獻上的祭禮也不能改。

單以喪服為例，參加喪禮的雖然都是死者的親友，然而，因為與死者關係不同，在喪服上就有明顯區別。大體兒子是一等，孫子

是一等，侄兒是一等，姑爺是一等，由近而遠，各各有別。那些在旁邊觀看的人，不用問參加喪禮者的身份，一看喪服便一目了然。

雖是厚葬，又因死者的身份地位不同，而有嚴格的區別。中國的禮教真是徹底的禮教，不但生而有別，而且死了還有區別。這個規矩，至少在孔夫子那裏就是不可更改也不能侵犯的。

孔子一生，據說有 3000 弟子。3000 弟子中，又有 72 位賢人。這 72 位賢人中，始終排在第一位的，就是顏淵。這顏淵，德才兼備，是最優秀的學生。孔子評價自己的學生優良有差，獨對顏淵，有褒無貶，所有的評價都是正面的。按照《論語》的記載，顏淵排在德行類的第一位，又排在好學者的第一位。夫子說他可以「舉一反三」，又說他「回也非助我者也，於吾言無所不說。」

顏淵死了，孔子好不悲傷。對天感歎說：「咳！天老爺要我的命啊！天老爺要我的命啊！」跟著他的人勸他說：「您太傷心了！」他回答：「這就算太傷心了嗎？我不為這樣的人傷心，還為什麼人傷心呢？」

然而，顏淵家貧，裝斂他的只有內棺，沒有外槨。顏淵的父親就向孔子請求，希望孔子賣掉自己的車，為顏淵買一付外槨。孔子聽了，不高興了，他說，「我的兒子死了，也只有內棺，沒有外槨呢。我不能賣掉車子，因為我也曾經做過大夫，做過大夫的人怎麼可以步行呢！」

這不是說，孔子哭顏淵都是假的——假模假式，也不是說孔子這人小氣得很，或者說他怕吃苦，連這一點小小的犧牲都不肯做，這都不是的。實在這規矩二字在孔子心中居於至高無上的地位，在他那裏，死都可以，規矩是不能改的。

這正是儒學的本色。

中國古來的厚葬，雖有等級之別，但總的趨向無可更改。所以至少自秦始皇開始，凡比較長命的王朝，毫無例外，都是主張厚葬

的。漢如是，唐如是，宋如是，明如是，清亦如是。君不見，北京
北面的明十三陵乎，又不見河北境內的東陵、西陵乎，更不見陝西
境內的唐陵、漢陵乎？秦始皇的一個角落，就發掘出震驚世界的兵
馬俑，古來皇帝的厚葬之窮奢極欲，可想而知。

歷代官僚中，也有主張薄喪的，如三國時代的郝昭。他守陳倉，
大有為，連諸葛亮都奈何他不得。後來因病亡故，臨終前，遺令戒
子云：

> 吾為將，知將不可為也，吾數發塚，取其本以為攻戰具。又
> 知厚葬無益於死者也，汝必斂以時服。且人生有處所耳，死
> 復何在耶？今去本墓遠，東西南北，在汝而已。[5]

文字不長，然立意深沉，立論竣潔，瀟灑豪邁，真大丈夫也。
其厚葬無益之論，「死復何在」之說，「東西南北，在汝而已」之謂，
非特立獨行大丈夫，誰能言之。

主張薄葬的還有曹孟德。曹孟德曠世奇才，不同凡響，魯迅先
生說他至少是一個英雄。他主張薄喪，而且『遺令』寫得情真意切，
令後人感動。對自己的服飾墓地關心周到，對金玉珍寶卻不感興
趣，不讓藏之；對西門豹其人甚有好感，故而鄰北而居；對「諸夫
人」放心不下，還要另作安排，所謂「分香賣履」者也，雖也曾被
後人譏笑，卻是有情有意之作。

然而，雖是薄葬，也很麻煩，而且，遺令上說：「吾婢妾與伎
人皆勤苦，使著銅雀台，善待之。於台堂上安六尺床，施德帳，朝
晡上脯備之屬，月旦十五日，自朝至午，輒向帳中作伎樂。」

好了，別的不說，單說這一段，亦足稱浪費者也，不仁者也，
無益者也，繁瑣不堪者也，令人聞之不快者也。

5　見《古文小品咀華》第 147 頁。

然而，這還是主張薄葬的一位開明之士的遺令所規定的呢！

再說面子。

我們中國人是特講面子的，有時候要講到是非不明黑白不分的程度。而且面子無所不在，吃也講面子，穿也講面子，住也講面子，用也講面子，稱謂也講面子。雖然你滿腹經綸，但因為穿的不濟，一些地方就不讓進去，要想風風光光，先得換身行頭。又如室內裝修，裝修不見得不好，也不見得有多麼好，尤其豪華裝修，實在是無可無不可的事。然而，依我們中國人的脾氣，別人既然要裝，自己也一定要裝，別的不為，就為爭這個面子。其意若曰，你張二爺幹得，我王大爹就幹不得麼，或者你李媽媽行，我牛媽媽就不行嗎？吃也如此，住也如此。中國人之所以在吃上花那麼多錢，費去那麼多事，並非全是因為嘴饞，實在我們中國人沒那麼饞，一見美食就兩腿發軟，而是我們把面子看得重，表現在吃上，就非弄一個體面出頭不可。你消費花 3000 元，3000 元沒什麼了不起，本人一桌花 10000 元，怎麼樣？至於背地裏心疼得人頭變豬頭，就只有天知地知了。

辦喪事，正是展示面子的絕好機會，這樣的機會，聰明智慧的炎黃子孫怎麼能輕易放過它去！

辦喪事，事關臉面，而且是大臉面，因為這件事直接與孝道有關，與地位有關，與金錢有關，與人緣有關，與身份有關，與能力有關。因此，非把它辦出花兒頭，才算滿意。

曹雪芹是寫生活的大手筆。寫到要府的喪事，尤其有條不紊，又精彩紛呈。最著名的篇目當然是「秦可卿死封龍禁尉，王熙鳳協理寧國府。」

死者是秦可卿。秦可卿是怎麼死的，原書做過不少改動，雖然做過大改動，那蛛絲馬跡依然揮之不去。追本求源，禍首還是賈珍。焦大喝了酒，大罵爬灰的爬灰，其中一個代表性人物，就

是賈珍。他污辱了兒媳婦，事情敗露了，秦可卿無顏活下去，便上吊自殺了。

所以，秦氏死後，最傷心的不是她丈夫賈蓉，而是她的公公賈珍。至於當家主事的賈珍夫人尤氏，這時候，不但不出頭理事，反而犯了心口疼的舊病，在床上躺著養病去了，這才引來王熙鳳協理寧國府。

賈珍痛心，賈珍又要面子，於是為秦可卿大辦喪事。

這喪事有多大，這裏只講三個場面。

第一個場面，關於名份問題。秦氏死時，她丈夫是個黌門監，說白點，就是監生。監生是在清王朝最高學府國子監讀書的學生，也是有地位的，但沒有官銜。沒有官銜，即沒有體面。於是花銀錢，走關係，為賈蓉買了一個「防護內廷紫禁道御前侍衛龍禁尉」的五品官銜，這才罷手。

第二個場面，人死了，要棺木，一般棺木賈珍看不上眼，於是薛蟠出來，說自己家裏有副好材，依薛大傻子的說法：「這副材，叫做什麼檣木，出在潢海鐵網山上，作了棺材，萬年不壞，這還是當年先父帶來，原係義忠親王老千歲要的。」賈珍一聽，「喜之不盡，即命人抬來。大家看時，只見幫底皆原八寸，紋若檳榔，味若檀麝，以手扣之，玎璫如金玉，大家都奇異稱讚。」[6]

大家都奇異稱讚，那賈珍又有了面子。

第三個場面，即發喪的場面。這場面也不消細說，只說即送葬的隊伍，就十足驚人——「一時只見寧府大殯浩浩蕩蕩，壓地銀山一般從此而至」。壓地銀山一樣的大隊伍，好不氣派。若問死了人要這樣的氣派有什麼用？答說，這是活人的臉面。

人的臉面有了龍禁尉一樣的官銜，又有了浩浩蕩蕩壓地銀山一樣的送殯隊伍，到了這個時候，好講臉面的中國人就該滿意地笑了。

6　《紅樓夢》上冊，第 178 頁。

　　這也不獨皇親國戚富官鉅賈為然。

　　我的一個表親，是我祖父一輩的人，出身貧下中農。「四清」的時候，工作隊看中他了，認為他根紅苗正，讓他在全村大會上憶苦思甜。這老先生對黨的政策缺乏理解，大約他認為憶苦是很沒面子的事，於是便在憶苦思甜的大會上，暢想起他父母去世時，他們家是如何大辦喪事，來了多少位客人，辦了多少桌席，請了多少位吹鼓手，扯了多少匹白布，而且越說越得意，工作隊同志制止他，他也不聽。把個憶苦思甜大會攪得烏煙瘴氣。工作隊的同志們一怒之下——怕也有堅持黨的原則的成份在內，便給他戴上了壞份子的帽子。雖然當上了「壞分子」，他還不服哩！他還堅持說，他說的全是事實。

　　為此，我問過我祖母，這親戚家是否真的那麼闊綽。奶奶說，有什麼闊，窮著呢！但為了辦喪事，借了錢，砍了樹，事倒也辦的確實不小。

　　窮人大辦喪事，可說雙倍的悲哀。又為這個戴上壞分子的帽子，可說三倍的悲哀了。

　　可見雖有等級之別，厚葬之心，卻是彼此相通。

　　為著厚葬，就要選好墳地——這個稍後再說，就要買好壽材，就要大辦喪事，而大辦喪事又包括大發喪服，大辦吉宴，大請吹鼓手，大搭席棚，以及大哭大嚎，直鬧得天昏地黑，連帶地下的魂靈們也不得安寧。

　　此處說說大吃與大吹。

　　辦喪事要大吃大喝，更是陋俗之一。一些在大都市長大的孩子，沒見過這樣的場面。偶然見到鄉間辦喪事，看到許多來弔唁的人，這些人見到棺材，馬上叩頭跪拜，而且聲隨禮至，登時呼天喊地，哭將起來，個個悲傷欲絕的樣子。然而，並不見得真有眼淚，旁人一勸，馬上止住眼淚——如果有淚的話。立刻就問去哪兒赴席（鄉間人稱吃飯為赴席），然後到指定地點大吃大喝去了。

　　依我們的理解，喪葬期間，是不該大吃大喝！至少是不該吃酒吃肉的。然而不。辦喪事，既要有酒，又要有肉。現在是富裕些了，還要有雞，有魚，甚至有海鮮。且來吊殯的人一入席，肉還要爭吃，酒還要爭喝，並且有因為坐的位子不對，或者因為吃的晚了，而大發雷霆之怒，要找尋麻煩的。這時候，主家和料理喪事的人還要陪著笑臉好言勸解！好不煩人！

　　我想，棺材中睡著的人幸而不再過問世間之事，靈魂之類也沒有吧，如果有的，他將作何感想。

　　大吃已然荒唐，大吹尤其荒謬。

　　大吹即大請吹鼓手，正宗的傳統的，是要請僧人或道人來大辦水陸道場的。現在鄉村這樣辦喪事的少了，多是請民間的鼓樂班子在靈前，大吹大唱，以壯聲色，從而引來無數的看熱鬧的人。當他們吹得好時，主家還要另給賞錢，而且那圍觀的觀眾，還要高聲喝彩，以至整個村落都弄得熱鬧鬧，亂紛紛。

　　我們這些不明其俗的人，也許會問，喪事是這樣辦的嗎？或者說喪事應該這樣辦嗎？或者說這樣辦喪事能寄託人們的哀思嗎？

　　這個且不說，單說吹的唱的那些曲目，更其令人匪夷所思，乃至忍俊不禁。

　　吹唱的曲目包括：

　　大登殿選段——這是一出傳統劇目，其中最精彩的一段是說在寒窯等丈夫歸來等了十八年的丞相之女王釧，終於等回丈夫，而且丈夫作了皇帝，自己上殿見面的一段唱，這段唱是以悲調為主的河北梆子中少有的喜慶唱段；小放牛——這也是一個傳統劇目，寫放牛的兩個孩子，一個男孩，一個女孩，玩耍對唱的故事，全篇都是歡快，沒有半點悲傷；小寡婦上墳——這又是一出傳統劇目，聽起來好像是出悲劇，實際上卻是一出喜劇，除去開頭的一點情節之外，全劇均以歡快諧趣為主。

此外，還有鋸大缸等等帶有某些「黃色」趣味的曲目。現代曲目也有，如《劉巧兒》，如《朝陽溝》。這個也就罷了，近年更有高唱高吹《縴夫的愛》的。

讓死者伴著《縴夫的愛》這首情歌的旋律走向墓地，不免有些太過浪漫。

難怪毛澤東主席講到紅白喜事時，曾說中國人稱喪事為白喜事，是表現了辨論法精神。

辨論法，這個詞真好。

厚葬無益，但總難禁止，個中原委，正堪思索。

再來談談風水。

風水屬於文化，也屬於迷信。

文化加迷信，代表了風水的二重性。

風水屬於文化，所以有研究瞭解它的必要。

風水屬於迷信，因為它不科學。

作為一種歷史文化，知道風水是怎麼回事，有必要，特別是對如人類學、社會學、哲學、文化學、建築學、藝術學等專業的研究者來說，瞭解風水的來龍去脈，確有必要。否則，你對中國歷史的瞭解就可能不真切，你就不明白，為什麼中國古來的喪葬之風會如此發達；也不明白，歷代的皇陵會那樣去選擇；又不知道為什麼風水這樣的事情何以會對中國人產生那樣巨大而持久的歷史作用。

但不要把風水當成科學。

可惜的是，很多──不知多少故用很多──現代中國人，對於風水和相面這類東西，不但沒有更為科學的認識，反而出現新的迷信。一些人信風水信的出了頭，弄出種種荒唐與愚昧。

也有一些人，舉著科學的旗幟，硬要從中國古來的風水術中找出科學道理。其實，這樣的「研究」，也是誤入歧途，或有意無意地引人入歧途。

　　我這樣說，也許有人不高興，說什麼風水術中原本就有科學因素在，我們把它找出來，有什麼不對。比如說，中國風水術對水的理解，對風的理解，可能在客觀上於保護環境有利等等。這個也許是事實，但如果真的為了現代人取得科學知識，或者取得良好的居住生存環境，那就不必向風水術去請教了。老實說，現代環境科學提供給我們的比之古堪輿術提供給我們的，要準確得多，規範得多，系統得多，自然也科學得多。

　　這就好比，我們為著研究照明科學，不必非去研究鑽木取火，也不必去問什麼昔日的灶台是怎麼造法，昔時的長脖子油燈——此方俗稱王八燈的是怎麼個造型。

　　科學追求的是最先進最適用的內容，至於它與古來的傳統有什麼相干，完全是次要而又次要的問題。

　　但風水之於傳統的中國人，確實意義非凡。

　　風水古稱堪輿，這名稱早了，從現在能看到的文獻上，它在《周禮》中已有記載，以後的許多歷史典籍如《史記》、《冊府元龜》中都有記述，而且堂而皇之，進入四庫全書，在四庫全書中佔據重要的一席之地。

　　風水重要，它和厚葬有什麼關係？

　　關係大了。

　　因為風水的一個基本功能，是尋找和確立好的宅地的，而在我們中國人這裏，好的宅地，又要分為「陰宅」和「陽宅」。而且按傳統的觀點，陽宅固然重要，它住的只是人，陰宅更其重要，因為它住的乃是先人。人與先人比較，自然先人更為緊要。中國人宗教信仰低迷，但祖先崇拜莊重，以致凡是與先人有關的事情，沒有一件，不是大事。

　　自然，陰宅勝於陽宅，道理還有許多，總之，是陽宅好，也許它關係到你的一生，實際上，隨著官位的升遷，是有可能換很多住

宅的，而陰宅的好壞卻不僅關乎你這一生，而且關係這整個家族的興旺與否。

為此，尋找一塊好的陰宅即是尋找一塊風水寶地，有了這風水寶地，至少保佑後代子孫昌盛，家業興隆，說不定還生出個龍子龍孫什麼的。真的那樣，可不就真的一步登到天上去了。

此等異事，無以名之，名曰墳頭事小，前途事大。

中國人信風水，信得著了魔，所以歷代皇帝，對於皇陵的安置都是慎之又慎的，特別是開國皇帝，為找一塊風水寶地，以保佑其龍子龍孫，永世不絕，可說想破了腦袋，費盡了心思。

然而，有哪一個朝代可以永世不滅的嗎？

因為風水有這樣的作用，那些恨敵人又怕敵人，想戰勝敵人又終於不能戰勝敵人的人，百般無奈之下，就開始打「風水」的主意。那辦法，就是發掘這敵人的祖墳。在我們中國，挖祖墳無疑是最惡毒的手段，而銼骨揚灰，則是一切滅絕方式中最具滅絕含義的復仇方法。

明朝末年，李自成等起義軍成了氣候，崇禎皇帝先是剿滅，後是招安。剿滅不成，招安又不成，而且官軍節節敗退，起義軍勢如破竹，這崇禎急得眼睛籃了，他最末了的一招，就是挖李自成的祖墳，其意若曰：縱然我的皇位做不成，你也休想做成皇帝。

李自成的祖墳被挖了，但並沒擋住起義軍的進軍步伐，崇禎還是死了，明朝還是亡了。李自成還是氣宇軒昂進了北京城。其實，挖祖墳有什麼用？充其量也不過證明了挖墳者的愚昧和殘忍。或者也可以這樣說：

如果上天無眼，你就是再挖一千座墳，一萬座墓，該倒楣還得倒楣；如果上天有眼，那麼，它絕然就不會原諒這種靠挖人家祖墳而妄圖取勝的人。

現在，靠挖別人祖墳而害人的事情少了，但偷墳盜墓的人卻是增多。而且，令人驚駭的是，現在一部分富裕起來的人中，對

於看風水、造陰宅，修豪墳，造華墓的歪風斜氣還有日益增長的勢頭。

據有關部門的統計，我國每年建墳占地近 100 萬畝。

中國的可耕地少哇！全部耕地只占世界耕地面積的 7%。如果這樣下去，總有一天，會讓死人斷了活人的生路。

不僅如此，舉凡上海、湖南、河北、河南、浙江、陝西，看風水，造豪墓的現象比比皆是。例如：河南淞川縣盛彎鄉，出現了一座占地達 1053 平方米的超級冥府，主人乃是一位目不識丁的老嫗；又如：著名的浙江西湖風景區，墓葬地已有 34 處，墓穴達 20000 多座，共占地 1200 畝；再如：湖南岳陽一專業戶，以信風水先生的胡言亂語，在自留地上修建了一家三代人的墳墓，甚至在上學的兒子，也把墳修好了，耗費 1 萬多元。

即使上海這樣在中國大陸數一數二的大都市，在它的一些鄉鎮，也出現了「風水專業戶」，這些風水家日月奔波於「陰陽世界」，靠做死人生意大發其財。作者寫到此處，不禁感慨萬端，而且深切感到，對中國傳統死亡文化的批判，只靠理論不行，還要靠行動哩！所謂「批判的武器不能代替武器的批判，物質世界還要靠物質力量來摧毀。」

否則，還得了嗎？

八、死亡觀念大轉變（一）

——現代文明的第一提問：死亡、法制與文明

　　我們中國雖然有3000年，也有人說是5000年文明歷史，但這歷史離現代文明不免相去甚遠。所以每每回憶這些歷史的進程，作者常常有一種歷史的沉重感在心頭，有一種歷史的責任感在心頭，有一種歷史的壓抑感在心頭，又有一種歷史的變革感在心頭。

　　歷史不能不變，歷史不變，現代人就沒有希望了！

　　現代化不能不來，現代化遲遲不來，說明我們仍須加倍努力。

　　但當作者寫到現代死亡文明的時候，也感到有一束空明照在前方。

　　現代死亡文明，劈頭第一個大問題，就是以現代法制形式尊重和保護人的生存權力。

　　現代文明如果它有資格稱為文明的話，那麼，它至少應該能夠做到保護所有公民的人身安全，說白點，就是能保護一切公民的命。

　　這要求不算高吧？

　　但人類召喚和等待這最最起碼的人權，已經用了600多年時間。

　　這600多年的時間是怎麼算出來的？

　　因為西方文藝復興運動即今已經有600多年時間。

　　文藝復興運動是幹什麼的？用一句話表示，就是高舉人的旗幟，為人的權利而奮鬥。

　　為人的權利而奮鬥，這是多麼合情合理的事。然而，阻力大著呢！危險多著呢！而且多少仁人志士，為此付出血的代價。因為，西方中世紀，根本不同意也根本不允許你奢談什麼人的權力。他們的邏輯是：人人都要權力，上帝怎麼辦？

　　文藝復興運動以後，又有宗教改革，科學革命和啟蒙運動，三大運動，改變了西方世界。

　　直到 1789 年，法國大革命起來，人類才有了第一個《人權宣言》，此前不久，美國獨立運動也取得了勝利，並頒佈了《獨立宣言》。

　　《人權宣言》其直譯是《人的和公民的權利宣言》。

　　《人權宣言》第一條規定：

　　人們生來並且始終是自由的，在權利上是平等的；社會的差別只可以等於共同的利益。

　　宣言的第二條是：

　　一切政治結合的目的都在於保存自然的、不可消滅的人權；這些權利是自由、財產權、安全和反抗壓迫。

　　宣言的第三條是：

　　全部主權的源泉根本上存在於國民之中；任何團體或者任何個人都不得行使不是明確地來自國民的權力。

　　宣言的第五條是：

　　法律只有權禁止有害於社會的行動，凡未經法律禁止的一切行動，都不受阻礙，並且任何人都不得被迫從事未經法律命令的行為。

　　宣言的第六條是：

　　法律是公共意志的表現；所有公民都有權親自或者通過其代表參與制定法律；法律對一切人，無論是進行保護或者懲罰，都應當是一樣的。一切公民在法律的眼中一律平等，都可以平等地按照其能力，並且除他們的品德與才能的差別外不因其他差別，擔任一切高官、公共職位和職務。

《人權宣言》一共十八條，可說條條都是金科玉律。

因為這裏討論的主要是生命權利問題，且限於篇幅問題，先引其中的 5 條。

這 5 條即可獨立城章，又有內在的聯繫。

第一條講權利的根據，根據是什麼，即人人生而平等；

第二條講權利的最基本的內容，即自由、財產權、安全和反抗壓迫；

第三條講權利的來源或出處，即全部主權存在於全體人民之中；

第五條講法律的界限，法律只有權禁止有害於社會的行動。

第六條講法律的性質，法律是公共意志的表現，法律面前人人平等。

在此十三年前，美國人通過了《美國獨立宣言》。

《宣言》中這樣寫道：

我們認為這些真理是不言而喻的，人人生而平等，他們都從他們的「造物主」那邊被賦予了某些不可轉讓的權利，其中包括生命權、自由權和追求幸福的權利。為了保障這些權利，所以才在人們中間成立政府。

首先講權利，權利正與《人權宣言》中的內容相同，畢竟這兩個宣言在一定意義上講，都是歐洲啟蒙運動的產物。

其次講政府的性質。政府是幹什麼的呢？政府的首要和最主要的職能是保證這些權利的實現。

此後 72 年，又由共產國際頒佈了《共產主義宣言》，即後來人們普通稱之為的《共產黨宣言》。再後 14 年，又由林肯總統簽署了《解放黑奴宣言》。

《解放黑奴宣言》是對《人權宣言》內容的發展和深化，又是對《人權宣言》的補充和落實，因為這二者的內容毫無本質不同。《人權宣言》，主張人人生而平等，黑人也是人，黑奴也是人，既

然是人就該享受人的一切權利。美國人雖然最早頒佈第一個人類權
利宣言，但它沒能很快解決黑奴問題，並且在《獨立宣言》後，還
在大量販賣黑奴，這是它自相矛盾的地方。黑奴制度是美國文明的
死角，也是對《獨立宣言》所宣佈原則的最大諷刺。

　　《共產黨宣言》沒有討論人權問題，於是有人便認為，《人權
宣言》所討論的問題，已經過時了，唯有《共產黨宣言》所討論的
階級鬥爭問題，兩個決裂問題，消滅私有制問題才有現實意義。

　　其實這是對《共產黨宣言》的曲解。《共產黨宣言》是從階級
鬥爭出發，為受壓迫者發出科學的革命的吶喊，但這不是說它要否
定人權原則，而是說僅有人權原則還不夠──人權原則只解決了富
人的問題，沒有解決窮人的問題；只解決了有產者的問題，沒有解
決無產者的問題。於是《共產黨宣言》提出自己的綱領，要解放社
會底層的無產階級，而且認定，只有解放了無產者，才能解放全人
類，只有解放了全人類，無產階級才能最終得到解放。

　　現在我們知道，人類文明的進步是永無止境的，一個問題解決
了，還會有另一個問題等待我們。但現在擺在全世界人民面前的問
題是，對於那些已被歷史證明是不可違背的普適性原則，不論你是
什麼國家，都應無條件遵守。

　　恰恰出於這樣的目的，1948 年 12 月 10 日聯合國大會才在巴
黎會議上通過了《世界人權宣言》。

　　對於這個《宣言》的相關內容，我將在本套叢書的另一個地方
再去討論。

　　然而，在相當長的歷史時期內，我們中國人，始終處在人類近
現代文明的光照之外。這不是說本文作者自慚形穢，看不起我們中
國人，而是有事實為證。而事實勝於雄辯，最簡單的事實也勝於最
偉大的雄辯。請看中、西歷史的對照紀錄。

　　1776 年，美國發佈《獨立宣言》時，中國正處在乾隆四十一年；

1789 年，法國大革命發佈《人權宣言》時，中國正處在乾隆五十四年；

1848 年，共產國際通過《共產黨宣言》時，中國正處在道光二十八年；

1862 年，林肯總統簽署《解放黑奴宣言》時，中國正處在同治三年。

乾隆四十一年到五十四年，正是曹雪芹《紅樓夢》的最早傳播時期，也是乾隆皇帝下江南享清福，洋洋得意的時期。然而，在這個時期，明眼人如曹雪芹者，已經看到這表面上似繁華天堂的大廈，地基已然動搖，不知那一天，將「忽喇喇大廈將傾」。

這個時候的繁華已成虛假，而這個時候的貪官污吏已然橫行，如和珅一樣的大貪官，正在中飽私囊，高興得眼睛都沒有一道縫呢！

請問彼時的中國人，聽說過《人權宣言》，聽說過「人權」二字，聽說過法國大革命，或者知道美國獨立運動嗎？

到了 1848 年，共產國際發佈《共產黨宣言》時，中國的情況就更不妙了。鴉片戰爭連戰連敗，賠款割地，屈辱不堪，此時的大清王朝，說大已然不大，說清更是不清，不清不大，只有一個空架子在那裏擺著，而且一聽到洋槍洋炮，就不免有屁滾尿流之感。

到 1862 年，美國宣佈《解放黑奴宣言》的時候，咸豐已然死去，同治剛剛登基，兩宮太后聯手恭親王等，除去了肅順等顧命大臣。這時候的中國，太平天國起義，已經鬧了 11 年，大清王朝不但不大不清，連支撐門面也不能了，只剩苟延殘喘的份。實在說，像這樣的王朝，若處在文明地區，就是有 100 個，也早完蛋了。

大清王朝到了這般地步還沒有完蛋，實在是托了孔夫子的福，托了曾國藩一般的儒學門徒的福，托了中國幅員廣大，老百姓飽受傳統文化薰染的福，也托了世界列強相互牽制的福。

　　這個時候的中國人，又有幾個知道《人權宣言》，又有幾人談到人權二字，更有幾個人知道為自己的生存和社會權利而呼喊而奮鬥呢！

　　中國人沒有人權，不僅清王朝時期而已。

　　好不容易辛亥革命了，成立了民國。

　　民國以後就有人權了嗎？

　　想有，但是沒有。

　　臺灣有學者說，辛亥革命有三個成績：

　　一是解放了辮子，二是解放了小腳，三是解放了太監。

　　雖是戲言，頗有道理。至於人權種種，沒人管它。

　　辛亥革命的成果很快被袁世凱篡奪，而袁世凱除去復辟之外，別的任何事情卻不能引起他的興趣。

　　袁世凱死了，留下的是一個軍閥混戰的亂攤子。

　　在此期間，也曾有過五四新文化運動，也曾有過工人罷工運動，也曾有過三一八學生請願活動。這些活動無疑在中國歷史上佔據重要的地位。

　　然而，老百姓依然貧窮，老百姓的命依然賤如糞土。

　　提倡新文化的人士依然受排擠，為人民請命的人依然遭逮捕，被絞殺，被槍殺。

　　其中最為著名的例證，就是三一八慘案。

　　三一八慘案，在段祺瑞政府門前，軍隊悍然開槍，驅趕請願的學生隊伍，打死打傷眾多請願的學生。

　　魯迅先生為此懷著無比激憤的心情寫下了一篇堪稱千古絕唱的祭文〈紀念劉和珍君〉。

　　周作人先生為此同樣懷著無比激憤的心情寫下了一副堪稱千古絕唱的悼聯。其聯曰：

赤化赤化，有些學界名流和新聞記者還在那裏誣陷；

白死白死，所謂革命政府與帝國主義原是一樣東西。

　　後來有了北伐戰爭，但北伐的結果，是蔣介石通過四一二政變掌握了中國的政府。蔣介石在中國大陸統治二十二年，時間不算短了，然而，這二十二年統治，中國人有人權了嗎？中國人有民主了嗎？中國人的生命受到有效的保護了嗎？

　　沒有。

　　這22年，被殺害的共產黨人不計其數。

　　有人說，蔣介石和毛澤東是20世紀中國人中最具政治自覺的人物。毛澤東的政治自覺表現在，他階級觀念鮮明，對於工人階級、貧下中農全心依靠，不折不扣，他一生整過多少人，但不整工人，不整貧下中農。

　　蔣介石的政治自覺表現在，他與毛澤東完全尖銳對立，他一生最恨的就是共產黨人，對於共產黨人，真正的共產黨人，他寧肯錯殺10個，絕不放過1個。不論什麼人，一旦被查明與共產黨有瓜葛，或者已經加入了共產黨，他必定下決心處死，絕不手軟。如抗日將軍吉鴻昌，如發動西安事變的主要領袖人物之一楊虎城。

　　蔣介石的夫人宋美齡抗日時期去美國求援，向美國國會發表演說，在美國有很高的人望。但當羅斯福總統問到她對反對政府的人士的態度時，她就在自己美麗的脖子下作了漂亮的手勢，表示將他們統統殺掉。她的這個表現，引起羅斯福總統夫婦發自內心的反感。

　　這22年，被蔣介石政府和國民黨殺害的主要是共產黨人，又不僅是共產黨人，死亡的老百姓顯然更多。而一些要求民主，要求進步的開明人士，同樣慘遭殺害，如李公樸，聞一多。

　　中國有一句成語叫作對牛彈琴，對蔣介石政府說民主，就是對牛彈琴。

然而，這比喻，還不一定準確。

對牛彈琴，充其量是你彈你的，牛吃牛的，牛不理你也就是了。

對國民黨政權談民主，不是對牛彈琴，而是對猛獸彈琴，他一不高興，張開大嘴，把你吃了，有時還要茹毛飲血，甚至連骨頭都不留。

那個時代，比較重視民主，關心老百姓生活的還是延安。民主人士黃炎培先生訪問延安和毛澤東主席談話，曾有勃焉、忽焉之問。問毛澤東中國共產黨人能否將跳出這個怪圈，毛澤東回答，我們已經找到跳出這個「怪圈」的辦法了。這辦法就是走民主道路，把監督執政的權力交給人民。

然而，1949 年，中華人民共和國成立以後，國家並沒有走向民主化道路，而是一個運動接著一個運動。有的運動，殺的是壞人，但擴大化了。有些運動，乾脆殺的就是好人。

最早的鎮壓反革命，擴大化不少；以後的三反五反，同樣犯了擴大化錯誤。

到了 57 年反右運動，全國七整八整，找出幾十萬右派，這些所謂右派中，很多人被整死了，沒整死的，在「文化大革命」中又被再整一遍。而且這一遍來得還要厲害，就是沒有死的，也早已沒了人格，沒了任何權利，最多成了活的反面教材。

加上反右傾，三面紅旗，「四清」運動，然後又來一場史無前例的「文化大革命」。

從 49 年到 76 年，先是整黨外的，繼而整黨內的，然後是連黨內帶黨外的，27 年間，一整整死了多少無辜的好人，至少是如我一樣的中國人沒有見過也沒有聽到過準確的或大概的數字。

中國人的命實在太賤，死了就死了，死一千就一千，死一萬就一萬。然後，不知道什麼時候，宣佈給你平反，開個追悼會，補發點扣下的工資，就算萬事大吉了。

　　不，還不算萬事大吉，被平反者還要感激涕零，向平反者鞠躬，口口聲聲說感謝黨、感謝組織，感謝誰誰誰，彷彿被整的被整死的不是他們或他們的親屬而是那些整人的人。

　　不要說尋常百姓──請原諒我用這種非現代文明非現代人類所使用的語言，就是黨的領袖人物，就是國家主席，就是共和國元帥，就是作出巨大貢獻的文學家、藝術家，還不是一樣無辜地被整殘，被整死。難怪王朔先生要說他的晚年不想在中國度過的。他要到美國去，他認為那個地方才安全。在中國大陸連國家主席動不動都被整死，這地方能住嗎？

　　我常常想，中國人的命就這麼不值錢嗎？

　　比如你無辜殺死鄰居家的一隻雞，然後，就沒事人一樣的，這鄰居能和你善罷甘休嗎？

　　比如你打死了鄰居家的一隻狗，儘管這狗的習性不好，整日狂吠，吠得人心煩意亂腦袋大，但你把它打死了，這鄰居能和你善罷甘休嗎？

　　比如你打傷了一個外國遊客，不要說把人家打死了，如果你不向人家賠禮道歉，不賠償人家的損失，就算政府也不支持人家的要求，人家的政府會這樣不明不白地善罷甘休嗎？

　　不能吧？肯定不能！

　　然而，當這麼多同胞被整，被整死，甚至被殺死的時候，我們很少聽到有說「不」的聲音。

　　當這些冤案被平反，不管這平反來早來遲，或者到位不到位，我們同樣沒有聽到過對昔日的所作所為作出批判的聲音。

　　為著使這樣的文化性歷史性政治性的死亡悲劇不再重演，有必要確定如下四大觀念，並建立相應的社會法律制度與機制。

1. 戰爭之外，惟有法律可以判處人的死刑

這個問題本質上是民主制問題。

因為民主制度必定是法治制度。反過來說，沒有法制，就沒有民主，這是一個車的兩隻輪子，是一個鳥的兩個翅膀。

沒有法制和民主，人的生命，特別是弱勢的無辜的生命必然沒有保障，而這個弱勢的「弱」字其實是一個相對的概念。

以 1949 年以後軍內的情況看，劉伯承元帥是挨過整的，但誰都知道他不是一個弱者。粟裕大將也是挨過整的，而且直到他死，也沒得到正式平反，粟裕將軍自然也不是弱者，他是一位公認的常勝將軍。那麼，彭德懷元帥就是弱者嗎？更不是。但彭大將軍可以整粟裕，毛澤東主席又可以整彭大將軍。其中的種種曲折，可謂一言難盡。

關鍵是沒有法制就不會有公民安全，不會有生命保障。

如羅瑞卿，整他的時候，會議通知單來了，劉少奇身為黨內第二把手，國家主席，竟不知道這是個什麼會。賀龍元帥那個時候還在軍委主持日常工作，他也不知道這個會議的內容是什麼。劉少奇還問賀龍，賀龍元帥說，你都不知道，我能知道嗎？

然而就是這麼一個會，就把羅瑞卿「拿下」了。

廬山會議開始整彭德懷，以後無限上綱，到了黑白不分的程度，連幾十年前的陳芝麻爛穀子，乃至張冠李戴，把別人的事情也扣在彭德懷頭上。當時有一位名叫鍾偉的中將不服，剛剛說了幾句公道話，便沖進一群武裝士兵，把他抓起來了。

羅瑞卿的死，無疑與他無端被整有直接的關係。

而彭德懷乾脆就是被整死的。

還有老舍、蓋叫天、周信芳，都是被無緣無故的莫須有罪名弄死的。

凡此種種，與法制屁不相干，說明法制二字，稍有人心者，臉都要發燒，身上都要發燙的。

可以這樣說，歷來靠運動整人，沒有一次會通過法制程式。胡風好像是判過刑，但那只是個形式，確切地說，則是先整後判。先把他整倒整垮整臭基本整爛，然後，交給法院，說給他定個刑吧。實際上，誰不知道，所謂定刑云云，不是法院能決定的，決定者還在於黨的高層。

而更多的人，連法院的門都沒有進，就給整死了。

西太后殺戊戌變法六君子，砍頭之前，未經審訊，把他們押出監獄的時候，還有人抗議。但在中華人民共和國的藍天之下，那麼多被整死的人，他們連抗議都沒有，他們或者留下了三言兩語，或者還要向毛澤東主席表忠心吶！

除去法院，任何人任何部門任何政府組織都不能決定任何一位公民的人身自由，更不能觸及任何一位公民的安全利益，這一點，還允許有半點疑問嗎？

但還有一個法律部門能否公正執法的問題。這問題真正得以解決，才可以算是達到了法制文明，或者說，構成法制文明的不僅是公正執法，公正執法之外，還必須有兩個基本的原則。

一個原則是：獨立執法，不受干擾。

一個原則是：制衡機制，相互制約。

這兩條乃是法制社會的金科玉律，它與公民的人身安全生死相關。

2. 傷人者必依法追究，錯案者必依法賠償

殺人者償命乃古來真理，想當初，劉邦先入咸陽，辦的一件安民主命的大事，就是與關中父老約法三章。

正是這約法三章奠定了劉邦在關中的地位，對天下的影響。其實約法三章，那內容又簡短又實用又切中時弊又有深遠影響。可以說是字字值千金。約法三章，話僅一句為：

殺人者死，傷人及盜抵罪。

完了。

實際上，凡是真理都有簡捷的品性，越是那些把話說得天花亂墜的理論，還越不可信。

殺人者，一定要追究。殺人者如果是權勢者呢？更得追究。

現代文明，它都包括什麼含義？至少它應該向全人類表明這樣的原則，凡無故殺人者，不論你是誰，都要依法追究。

可喜的是，現在世界上的獨裁者日子不好過了，智利有一個皮諾切克，手上是有血債的，自已退下來前，先弄一個終身議員，以為保險了，結果到英國去看病，馬上被扣留下來。因為智利政府要引渡他，有當初他殺害者的家屬要向他討還血債，現在他雖然因為身體原因回到了智利，但豁免權保不住了，終身議員不管用了。

印尼有個蘇哈托，想當初飛揚跋扈不可一世，然而，曾幾何時，民主風潮吹頭，他只好下臺。他的家族是貪足了錢的，但現在的日子同樣不好過。他的小兒子雖然彼時躲了起來，但臨近他住宅的房產已然被封。這辦法實在妙得緊，對於那些貪官污吏，最有效的辦法，就是讓他們把用不正常手段侵吞下去的東西，無條件地吐將出來。

殺人者要懲處，害人者要賠償，而且法律面前，人人平等，只有如此，才可以使所有的公民有安全感，才可以使那些玩權弄權自以為老子天下第一，要怎麼樣就怎麼樣的人真正有所收斂──你不收斂，自有法律讓你收斂。

故意殺人者要償命，過失殺人或過失致人死亡者也必須承擔其法律責任。四川彩虹橋，屬於所謂的豆腐渣工程，結果橋塌了，死了人，法律部門立案追究，總算討回公道。

現在安全問題嚴重，一些企業，一些老闆眼裏心中只有錢，沒有人，根本拿工人的命不當命，拿工人不當人，結果傷亡頻頻，禁而難止。

對於這樣的事故。一定要有一件追一件。不但要判罪，而且要罰款，因為你導致了公民的死亡了，你心裏既然只有錢，就該把這錢從你心裏取出來，給你治治病。──沒有安全措施或者安全措施不到位的企業，就必須令其停產。

因為追求利益或別的個人原因造成人員傷亡的，至少要罰他們傾家蕩產。這才算是對症下藥。

3. 從天下興亡，匹夫有責到匹夫興亡，天下有責

天下興亡，匹夫有責，此言傳之久矣。

論其實際意義，卻是國難當頭的一句話。

為什麼這麼說呢？

因為太平盛世，沒有你匹夫什麼事。比如天下快樂，你一個匹夫負什麼責；比如天下太平，你一個匹夫又有什麼責。在那些美好的，或者看起來美好的時期，自有當權者天天露臉，日日繁華。一個匹夫，不在該你待的地方好好待著，還胡說什麼責任，憑這一點，

皇帝老爺就不高興你，宰相大人就有點煩你，元帥大人便看不慣你，連有芝麻大一點權勢的人都瞅著你彆扭，罵你多餘。

請君細想，在一個專制的時代，如果你是個軍人，元帥不高興你，你還能有前途嗎？如果你是個儒生，如現代博士後一樣的，宰相大人內心嫌棄你，你還有好日子過嗎？更何況皇帝老官一言九鼎，讓誰掉頭誰就掉頭，他老人家要是看你不順眼，十有八九你的霉運就算來了，能保住首級不丟已屬萬幸者矣。

唯有在危難之際，或者是出現了內亂，或者是有敵人打入國門，總而言之，皇帝老官的龍位有些不穩了，聽歌也煩，看舞也煩，金汁玉液也喝不下去了。因為天下一亂，龍位難保。龍位既然難保，龍頭也有些危險，於是把希望寄託在保皇黨身上。而且，此時此刻，保皇的人，只嫌其少，不嫌其多，多多益善。管你什麼人，能保皇帝的龍位安穩，龍頭安全就是好人，於是說天下興亡，匹夫有責。

實際上，直到這樣的時候，唯有這樣的時候，站在第一線執盾牌，灑鮮血的十有八九，百有九十九，千有九百九十九，都是匹夫。小匹夫、大匹夫、老匹夫，一群匹夫，數不盡的匹夫，用自己的生命和熱血保衛這原本很對不起他們的國家。

但從根源上講，天下興亡，匹夫有責，原本值得懷疑。責者，責任也，天下興亡，匹夫有責，講的是國家的安危，不論什麼人怕只是一位沒有任何官銜，任何特權的匹夫也有責任。但我們要問，這局面是因何而來的，造成這危局的責任人或說主要責任人是誰？

要是說造成這危局的是匹夫，這說話的人一準是個混蛋。你想，一個普普通通的老百姓，他就是整天想著天下大亂，亂得了嗎？他縱然想當個全國有名的大貪污犯，他有這機會嗎？胡長清寫個牌子就值一萬塊，一個老百姓，就算你的字比「長清同志」寫得好幾倍，能值這麼多錢嗎？成克傑批個項目就值幾十萬上百萬，你一個老百姓，寫得吐了血，有人給你幾百萬元的十分之一嗎？

　　造成危局的是幾個人，為著危局奮鬥的是天下人，竟然口口聲聲，說是『天下興亡，匹夫有責』，這個口號，值得懷疑。

　　雖然值得懷疑，卻又不容懷疑，我的一個前輩曾對這口號提出疑問，結果招來一頓反駁。而且一些人一定認為他是在開玩笑，說反話，讓我的這位前輩既憤怒，又無奈。

　　天下興亡，匹夫有責，最大的盡責方式，就是去死。為朝廷去死，為吾皇萬歲去死，為大宋王朝去死，為大明王朝去死，為大清王朝去死。

　　就算死 100 萬人，也毫不足惜。

　　死 1000 萬人，也毫不足惜。

　　只要這王朝保住了，皇位保住了，那麼，就是死得好，死得其所。

　　然而，犧牲這麼多人，為了一個政權的存在，甚至為一個腐朽沒落的政權存在，真的就好嗎？真的就值嗎？

　　但我們習慣了，認為為著革命大局，死多少人也沒關係！

　　現在看來，這樣的死亡邏輯，實在是首尾顛倒。

　　這樣的死亡邏輯，不僅首尾顛倒，而且狗屁不通。

　　依照老規矩、老法則、老傳統、老道德，並沒有首尾顛倒，更不是狗屁不通。

　　因為按照這些規矩、法則、傳統和道德，天下者，乃皇帝一人之天下。連天下都是皇帝一人的即是「朕」的，那麼，天下的子民，自然也是屬於皇帝的。天下的老百姓全都屬於皇帝，皇帝稱為國君，國父，你子民為國君而死，便是死的其所，為國父而死，便是死得光榮。

　　然而，這邏輯早就不應該存在，至少在共和國制度下就絕對不應該存在了。共和者，天下者乃公民天下之謂也。天下既是公民之天下，就不存在誰為誰死的問題，至少不存在任何一個人為那個人

而死的問題。當然，為搶救落水兒童的義舉除外，為搶救掉在糞地中的老人的義舉也除外。但畢竟當權者不是掉在水中的兒童，而且以為別人該為他獻身的人，也不是掉在糞池裏垂死掙命的老人。否則，自願者救他一下，也未嘗不可。

共和制的人際基礎在於，凡公民一律平等，公民這個稱謂正是沒有等級區別的產物。

那麼，為著國家而死呢？天下興亡，匹夫有責，為著國家而死，不行嗎？

對這個問題有深辨的必要。

4. 民大於法，法大於國──生命不可侮

公民與公民的關係，前已言之。

公民與國家的關係，還要做些計較。

封建時代的邏輯是這樣的，皇帝──國家──子民。

由皇帝到國家，即朕即國家，皇帝與國家大體相當，二者之間至少可劃約等號，而子民乃是國家的附屬物，子民與國家的關係屬依附關係。這種關係的擴大化和具體化，便形成各種各樣的人身依附關係，如臣子依附了皇帝，此所謂君為臣綱；兒子依附於老子，此所謂父為子綱；女人依附於男人，此所謂夫為妻綱。此外，還有僕人依附於主人，下級依附於上級，庶子依附於謫親；貧民依附於貴族，等等。

各種依附，形成大網，皇帝坐在最高處，總而統之，形成人身依附的社會大系統。而種種畸形的人際關係與心理，便貫穿於其中矣，氾濫於其中矣。

現代文明的邏輯不是這樣，現代文明確認國家乃是一種契約的產物，是公民自願契約的結果。比如美國這個國家，公民代表會議決定成立它，它就存在，否則，它就不會存在。

國家是公民契約的產物。這是一個大前提，因此，國家的利益固然重要，但它不能大於公民的利益，國家的權力固然很大，但它斷乎不能大於公民的權益，公民有權創立國家，也有權改變它的功能，它的性質和它存在的形式。

明白此點，我們就知道為什麼說上述舊的死亡哲學是首尾顛倒了。

因為它顛倒了國家與公民的本質性關係，而且還要念念有辭，所以說它狗屁不通。

公民權益既大於國家，公民權益又有著整體性和具體性雙重特徵。

其整體性特徵表現為，在公民間利益發生衝突時，須由民主方式決定對各種利益的取捨或再分配。

其具體性特徵表現為，不能因為所謂多數人利益而傷害少數人利益。

而在事關生死的問題上，每個公民的生命都應受到全社會的重視和保護，這是一個基本的崇高的不可更改或變通的原則。這個原則如果也用八個字來表示，那就是：

匹夫興亡，天下有責。

一個人的生命真的有這麼重要嗎？

回答說：然。

一個人的生命當然不能等同於一個民族的生命，然而，如果允許特例存在，就等於對正義的破壞。

你不要說，殺一個人，既使殺錯了，不就是一個人嗎？

但那結果是嚴重的，你可以殺錯一個人，他也可以殺錯一千人，錯來錯去，人就不是人了，──人的價值全無。

　　早些時，播放美國影片《拯救大兵瑞恩》，在大陸的一些報刊也曾引起討論，一種觀點認為，為了拯救一個大兵，而死去了更多的人，這值得嗎？

　　很顯然，編劇認為值得，導演認為值得，演員認為值得，凡喜歡這電影的觀眾都認為值得。因為拯救瑞恩本身，表現的就是一種人道主義精神，唯有具備了這種人道主義精神，才算達到了現代文明。

　　中國有句古話，叫作「士為知己者死」。因為我們是知己，為知己送掉性命也值得，也情願。

　　然而，如果不是知己呢？就去他媽的？

　　現代人的原則是，不論是否知己，甚至不問識與不識，不問是否同姓，是否同族，是否同國，不論何方何地，只要有人受到傷害，就該全民共伐之，全類共討之，如此這般，每個人類成員才有真正的文明安全感。

　　也有麻木不仁的人，也有助紂為虐的人，也有將人不當人的人，也有為著某種目的，坑害同類的人。

　　這不新鮮，因為畢竟當今的人類還是一個有歹徒，有罪犯的文明的世界，既有試圖滅亡科威特的薩達姆這樣的獨夫，也有專以暴力圖謀為己任的本‧拉登，那樣的恐怖分子。時此，唯有以牙還牙，沒有第二條出路。

　　但就一般情況而言，人類必須學會愛護和保護自己。而愛護和保護每一個人的利益，正是愛護和保護人類的最有效的辦法。

　　要知道，出賣同類，便是出賣自己，面對受害者袖手旁觀，無動於衷，便與出賣同類無異。

　　《紅樓夢》中有一位花襲人，她本人也是一個奴婢，或者說是一個奴婢中的頭目，狀如中國大陸的「小組長」之類。然而，她向上爬的心是太熱了。向上爬並非建功立業，而是人身依附，你人身

依附也罷了，卻又要含沙射影，出賣他人，晴雯的死是不是就是她告密的結果，書上沒說，但即使不是她告的密，她的種種表現，也夠討厭的了。但她自己也沒得到什麼好結果，正所謂出賣同類就是出賣自己了。

對於肆意、故意、有意或有意無意地傷害他人的行為，萬萬不可姑息。

歷史的經驗值得注意，這經驗是：

縱容一條蟲子，就是縱容一場災難。

畢竟世界上沒有只咬一棵樹的蟲子存在。

因蟲子的繁衍是何等的迅速，它們絕不會是對一棵樹下手，例如把一棵樹的樹葉吃光，樹汁吸乾了，就說：好吧，這棵樹完了，我們撤吧。

蟲子是不會自行撤走的，它們還會一棵又一棵地吃下去，終於造成一場大災難。

一戰期間，猶太人有這樣的教訓，當法西斯抓捕共產黨人的時候，他們中的很多人想，自己不是共產黨，不會抓自己的；而抓工會領導人的時候，他們又想，自己不是工會領導人，不會抓自己吧；當很多猶太人的商店，工廠被搶被劫的時候，他們中的一些人又在想，自己不是工商業主，大概惡運不會到自己的頭上吧。然而，害蟲既為害蟲，哪管你是桑樹，櫸木還是白樺樹，蟲害一旦形成，勢必難於遏止。

何況說，我們中華民族，是最講究道義的民族之一。歷史上我們也曾為著某種道義而不惜犧牲自己的生命。那麼，到了步入21世紀的今天，現代中國人就沒有為著現代文明而奮不顧身的勇氣了嗎？

生命重於泰山，山可移，人的生命價值不可移。

5. 生命保護，需要多方合力

所謂多方合力，首先在立法者這一方。

立法者的責任是什麼？第一保護守法者，第二糾正違法者，第三制裁犯法者。

實際上，從憲法開始，就該將公民的生命放在第一原則。如果公民的生命安全都沒有最根本和最有效的保障，那麼，這便是立法者的最大的失誤與失責。

但實際情況，遠非如此。特別是一些執法者，自己是循私枉法，甚至於拿老百姓的生命當兒戲，為著一點交通爭執，也敢殺人；為著幾塊錢小費也敢殺人。而且刑訊逼供，任意毆打在押者，絕非個別現象。

遠的不說，距今 5 天以前，2000 年 11 月 18 日《特區文摘》頭版頭條轉載了一篇題為「18 萬，法院私了一條命」的報導。

報導說：「這事發生在湖南省懷化市鶴城區，被執行人的丈夫被法院司法拘留 15 天，可第三天凌晨就死在拘留所」。

案情其實簡單，事因是，死者王春泉的妻子彭友今與人合夥做養蛇生意，曾從信用社貸款 5 萬元，後合作雙方分手，由信用社出面調解，蛇廠歸合作方，彭友今還貸款 3 萬元。這筆錢後來很快還上了。後來，彭友今又以房產作抵押，再次向信用社貸款 6 萬元，但生意沒作成。到 99 年 3 月，已陸續償還貸款 5 萬元。99 年 3 月，信用社向鶴城法院控告起訴，法院審理後，除判彭友今還剩餘貸款 1 萬元及利息外，還判彭友今對原合作者所欠 2 萬元貸款有連帶償還責任。

　　99 年 8 月，鶴城區法院在未發佈公告的情況下，以 3.8 萬元的價格變賣了彭友今與王春泉共有的一套住房，但彭友今和王春泉帶著 10 歲的女兒拒絕撤走。

　　2000 年 7 月 10 日，鶴城區法院出動車輛到彭家，準備扣押家中所有財產，當時彭不在家，王春泉提出異議，結果被銬在桌子腿上動彈不得，家中大小物品被搬一空。

　　2000 年 8 月 9 日，法院再來要王春泉，彭友今騰房，彭不在家，他們的女兒不走，法院還要王作工作，王說他女兒在屋裏與他無干，想要騰房要等妻子回來才能決定，於是法院決定對王春泉拘留 15 天，當天中午 12 點半王被送拘留所，二天後自縊身亡，此後經檢察院作技術簽定，死者全身多處軟組織擦傷，為鈍器傷，但損傷程度輕微，係致命傷，結合案情分析，死者係自縊身亡。

　　但這結論，死者家屬不服，村民們同情王家，民憤很大。於是，區法院領導和死者家屬開始談判，「私了」此事。後來懷化市中級法院副院長和鶴城區委書記也被請來，雙方達成一政，弄出一個會議紀要。紀要主要內容包括：

一、法院拘留王春泉的程式是合法的。

二、鑑於王春泉死後留有一妻一女的實際困難，會議法定本著照顧死者家屬的原則，給予王春泉家屬及小孩一次性補償所有費用壹拾捌萬元整。……其房子區法院不再強制執行，房產權等一切手續歸彭友今。此案進行一次性終結，雙方不准反悔。

三、五春泉是自殺還是他殺，以市檢察院的驗證結果為准。

四、此協調之後，雙方必須嚴格遵守協定，死者家屬不許以任何藉口再至區法院，公安局干擾正常公務，公安、法院不能就此案再抓一個人。

五、付款方式，死者火葬前付 50%，火葬後一天內付清剩餘部分。
　　這個紀要可說是一篇千古奇文，以致紀要出爐後又發生種種事端。

　　錢是彭友今借的，為什麼要拘留她的丈夫王春泉？

　　即使可以拘留王春泉，為什麼拘留二天就導致王春泉的死亡？

　　如果王的死亡，法院一方沒有責任，為什麼要賠償人家 18 萬元！

　　這 18 萬元的鉅款由何而來，怎麼入賬？

　　且賠了 18 萬元不算，連已經拍賣的住房也不要了，而且一併還給了王家。

　　如果拍賣是正確的，為什麼要歸還。如果拍賣是錯誤的，這錯誤出在哪裡，由誰負責？

　　王春泉係自殺，但身上的傷是誰打的？造成鈍器傷的鈍器又是何物？

　　問題多了，但我認為最重要的問題是拿人命不當人命，司法部門，──或者依照我們中國人在這些問題特有的表達方式：某些司法人員不但不保護公民的生命，還要去傷害他們。

　　保衛生命安全的另一個主要方面，是輿論監督。在我們中國大陸，輿論監督實在是太重要了。但這裏說的輿論不包括一般社會輿論，實際上你老百姓議論再多，民憤再大，往往不管事，不濟事。一些人天不怕，地不怕，一上電視，馬上害怕。──壞人壞事，原本見不得陽光，這一點，古今中外，概莫能外。

　　但把如此重大的擔子都放在媒體身上，不知是悲是樂，是喜是哀？

　　還有自衛權。公民自衛權在公民的生命財產的保護方面居於特別重要的地位。

　　古來的中國老百姓，最盼望的乃是清官。

　　盼清官如盼星星盼月亮，如久旱盼甘雨，災民盼食物一般。

　　為什麼會有這樣的清官文化？

　　原因之一，是清官太少而貪官太多。

原因之二，是中國老百姓從來沒有自衛能力。

之所以沒有自衛能力，首先是等級制度與禮數造成的。你一個小民、平民、賤民、還想自衛，想自衛差不多就等於想造反，未曾自衛先讓權勢者把你給「辦」了。

然而，現代文明國家的立國基礎就在於法律面前人人平等。既然人人平等，公民自然應有必有固有自衛權。

然而，對自衛權的界定卻因國情與文化皆景不同而有所不同。

在美國人那裏，是奉行私人土地不可侵犯原則的，如果你私闖民宅，不免就有生命之虞，而且對方的行為會被解釋為自衛權。

比如幾年前，曾有一位日本留學生和一個美國朋友走錯了路，進入了一個私人住宅。這住宅的主人以為有危險情況，就在黑暗中舉槍大叫：不許動。那位美國朋友知道這句話的含義——它的嚴重性——美國法律保障人們用槍保障自己土地的權利，但是為了避免誤會，規定開槍前必須發出警告。如果不聽警告，對方有權開槍。

結果美國朋友站住了，而這位日本留學生不太懂英語，更不懂這自衛權的厲害，仍然向前走，結果，槍響了，他倒下了。

這件事，到了法院，法院認定開槍者無罪。

後來，柯林頓在日本訪問時，還專門看望了死者的家屬，表示慰問，雖然慰問卻不能改變法院的結論。

我們大陸中國，沒有這樣的法律，也沒有這樣的體系，然而，自衛權是應該有的，但過去強調正當防衛有些過當，其結果，是有意無意地縱容了行兇者。但近年情況發生改變，只要屬於正常防衛，那麼，產生的後果則由施暴者自負。

2000 年 11 月 3 日《作家文摘》便登了一篇文章，題目叫作〈小偷進宅，打死活該？〉該報導的新聞背景作了如下提示：

　　今年初的一天深夜，小偷譚家偉摸進河北省黃驊市郊偏僻的一個小宅院中，這家主人因家中連續被盜，早有準備，主人王曉嵐及表弟姜海勇將小偷痛打一頓，小偷因出血過多而死。此事在當地引起爭議：王姜的行為是正當防衛還是故意傷害。

　　爭論很激烈，認為防衛過當的意見主要是說，小偷進宅為的是偷東西而不是殺人，結果東西沒偷成，讓你給打死了，這當然是過當。換個角度看，比如小偷被抓住了，那麼，法院能夠因為他偷了東西就判他死刑嗎？

　　認為這行為屬於正當防衛的觀點是，小偷的動機雖然意在偷財物，但其行為後果可能不僅僅偷東西而已。很多情況下，因為人們抓賊反被賊傷，不僅我們這些平民百姓，就是專業員警，在抓扒手時也有身負重傷甚至貢獻出生命的事例在，因此一味強調正當防衛，不免有姑息惡人之嫌。

　　更何況，在與小偷搏鬥的過程中，這尺度原本無法把握，如果你手硬一些，可能造成小偷的傷亡，而如果你手軟一些，又可能造成自身的傷害。那麼，與其為了保護幾個小偷的生命安全，不如保護防衛者自身的安危更為恰當。

　　爭論很有意義，法院也對此案作了審判。據報導近日，法院一審判決，王曉嵐、姜海勇為使本人的人身、財產免受正在進行的不法傷害，而採取的制止不法歹徒的行為屬於正當防衛，判決被告人無罪，對譚家偉的死亡不承擔民事賠償責任。

　　我認為，這判決很公道，而且對於我們中國人而言，很有意義，既很有文化意義，也很有歷史意義。

　　但要引起注意的是，自衛權不是打架權，正當防衛不是打架鬥毆，或者別的什麼違法行為。

　　比如中國傳統，是主張路遇不平拔刀相助的。路遇不平，拔刀相助，沒有什麼可以非議的。但動不動就講打，就揮舞魯智深式的

大拳頭，甚至一言不合，馬上動手，那就不是正當行為而是流氓行為了。

筆者研究中國傳統文化有年，以為中國傳統文化的一個不好的方面，即它的流氓文化特色。因為中國古來即不是一個法制國家，所以它的社會表現，一是禮數，二是反禮數，反禮數的一大特色，就是滋養了流氓文化。

所謂流氓文化，就是不講法制，專講暴力，認定「拳頭大的是哥哥」。能打人的人才是強者。這種文化在中國市井文化中佔據重要地位。因此，中國古來黑社會多，流氓多，善良的中國人受流氓的欺壓也多，《水滸傳》中的許多英雄人物，其實，身上沾染的多是流氓習氣。

流氓文化與自衛權的根本區別在於，自衛權的目的只是為了保衛公民的正當權益，而流氓文化的存在基礎，即在於破壞正常秩序從而必定會傷害他人的正當權益。

根治流氓文化的最好出路，在於以法治國，以法治世。有爭議，不能自解時，就去尋求法律的幫助。

現在，中國人的官司是越來越多了，於是有些人煩躁，有些人埋怨。

其實，這是一個大進步。官司多了，不證明中國人後退了，不證明禮崩樂壞，人心不古，而是社會進步了，經濟發展了，人的文明程度提高了。

對於現代人而言，與法律打交道恰恰是正常生活的一部分，傳統中國人生怕與法律打交道，最厭惡也最害怕打官司，因為彼時中國人只是被法律與官府制裁的一群。而今天的中國公民，正是法律與國家的主人，法律是為您服務的一種工具，一種武器，明明具有這樣的工具和武器，你為什麼不使用它們呢？或者說在你該使用它們的時候為什麼不使用它們呢？

6. 為正義而獻身也要作價值評估

我在前面提起過泰山、鴻毛之論，按照傳統觀念，只要死得其所，就該死而無憾。

比如戰爭，戰爭的目的就是戰勝敵人，不管用什麼方式，不管死亡多少將士，不管造成怎樣的戰場危害，甚至也不管犧牲了多少無辜者的生命，只要勝了，就一切都可以理解，一切都可以原諒，甚至一切都合情合理。

這種觀念已經過時。

之所以過時，是因為它不再合乎現代文明。

而且從技術角度講，如果現代戰爭可以無所不用其極，那麼就可能發生核大戰。而核大戰很有可能導致核冬天的出現即毀滅人類的災難出現。

一些科學知識不夠而且文明知識也不夠的人，宣稱不怕核戰爭，說核戰爭有什麼了不起，我們中國有 12 億 5 千萬人，你打死 1 億，我們還有 11 億，你打死 10 億，我們還有 2 億 5 千萬吶，2 億 5 千萬是個什麼數字，那還相當於乾隆時代的人口，比之宋代，比之唐代，比之漢代，還要多出差不多 2 億人吶！

但這樣的觀念，不但可怕，而且愚昧。

人命不是野草，可以任人鏟割。

人命就是野草，野草也不是鏟不盡割不盡的，現實教育了人類，就是「野火燒不盡」的野草，一旦過度放牧或者過度開墾，也會消失殆盡，從而使美麗的大草原變成荒漠的。

何況核大戰的後果，不僅會造成巨大的直接的傷亡，尤其會造成在短時期內無法挽救的環境惡度，亦即核冬天的出現。核冬天將

使地面上絕大多數生物出現生存危機，所剩下的也許只是適合老鼠生存的環境，而且這剩下的老鼠怕也不是尋常意義上的老鼠，而是變了態變了性的核老鼠。

我們不怕戰爭，但我們的勇氣不是用在核大戰方面，而是用在制止核戰爭方面，人類有勇氣有智慧也必然有能力不讓核戰爭發生。

而且，即使是正義戰爭，也不能造成過度的傷亡或者造成無辜者的無謂傷害。說通俗點就是不能傷害無辜的平民。

戰爭傷害平民，自古而然，但在現代文明面前，這個品性要改。如不改正，就追究戰爭者的責任。

而且，也不能造成士兵生命的無謂犧牲。你不要說，戰爭嘛，就得死人，當兵的最高職責，就是為國捐軀，為正義捐軀。連岳飛都說過：「武將不怕死，文臣不愛錢。」

但這不是一個問題。當軍人不怕死，這是問題的一個方面；指揮和領導戰爭的人，珍惜軍人的生命，是另外一個方面。

指揮和領導戰爭的人不能造成軍人的無辜傷亡或者過度傷亡，否則，也將被追究責任。

有人也許會問：戰爭卻不造成過度傷亡，那麼這個仗沒法打了。

沒法打更好，如果全人類都能遵守這樣的原則，那麼，就有可能最後消滅戰爭。

人類消滅了戰爭，只剩下體育，勝負之爭不出現在戰場只出現在體育場，有什麼不好呢？

這一天什麼時候到來，全世界都該把它確定為人類的最盛大的節目。

戰爭之外，還有在各種危險情況下的犧牲行為，比如火災，水災等自然災害下的犧牲行為，和與各種惡勢力，犯罪行為作鬥爭的犧牲行為，這些所為，用一個詞來概括，即稱之為「見義勇為」。

　　見義勇為，傳統久矣。孔夫子都說，見義不為，非勇也。

　　這話講得有理，你就是有楚霸王一般的力量，有趙子龍一樣的膽魄，有專諸一樣的敢死精神，但見義而不為，還是不能稱為勇者。中國的勇，尤其是儒者的勇是和義連在一起的，勇為表義為裏二者密不可分。

　　見義勇為，理應表彰。不表彰見義勇為，難道表彰見義勇退，見義變色，見義脫逃嗎？

　　實際上，改革開放以來，確實出現一些見義不為的社會現象，有的國家公務人員甚至是身居要職的國家工作人員，在被害人拼命求救的情況下，竟然無動於衷，示意司機開車甩求救者的事情也曾發生過。對於這樣的醜惡現象，不僅應予以嚴厲的道德譴責，還應追求其應負的法律責任。

　　但要說明的是，在新的社會條件下，見義勇為確實也碰到了新的問題。

　　問題之一，見義勇為者受到傷害，甚至落下殘廢，而醫院不能無條件收治，以致出現見義勇為者為逃藥費而被家人「偷偷救走」的情況。

　　問題之二，見義勇為者受到傷害，甚至獻出生命，他的家屬得不到應有的補償和救助，即使有些補償和救助，也不能徹底或從根本上解決他們的生活困難。

　　問題之三，見義勇為者受到傷害，喪失了勞動能力，他們日後生活出現不可克服的困難，而對此，「單位」既不負責，社會也不救濟。

　　這些問題，顯然都是極為嚴重的問題，而且事實上還有比這更嚴重的問題呢！

　　比如 1999 年 11 月 23 日，《北京青年報》曾用專版對見義勇為行為作出專題討論和報導。事情的緣由是一位救火者──見義勇

為者郭志業，因為海淀區翠微路小學旁的一教工宿舍樓發生火災，他奮勇救火，不幸身亡。但因為缺少必要的證明，他的烈士身份一直得不到確認，而沒有烈士身份，所有的相應補償，則都無從談起。

實際上，他的身份，被救者即著火的那一家是可以證明的。但人家不作證明，人家說：「我都燒糊塗了，哪兒還記得呀」要麼說：「我是自己跑出來的，什麼也沒看見。」或者說：我都變成這樣了，還怕什麼嗎？你要什麼就拿這堆破爛紙吧。

這事情十分令人感慨和悲哀。

一個人捨身赴義，而且真的獻出了生命，只因為沒有人證明，就得不到應該得到的名份。這是不是暗示人們說：根本就不該見義勇為呢？

或者說要見義勇為一定要取得成果例如要救火一定就得把火撲滅，要救人就一定讓被救者不死呢？

或者說見義勇為之前就須先找來幾個證人呢？

或者說見義勇為乾脆就甭管後果了，愛怎麼地就怎麼地呢？

但是，疑問者說，你是見義勇為，為什麼別人例如被救者、旁觀者、領導者就不能見你的義而勇為呢？

也有人說，現在是市場經濟時代，什麼都市場化了，就是見義勇為還沒市場化。

於是，北京市開始為見義勇為行為立法，以解決它們和可能造成的種種麻煩以及補償見義勇為者所付出而帶來的種種代價。

這無疑是一個好主意。亡羊補牢，猶未為晚。

但在我看來，即使是見義勇為這樣的行為，也應該作出更具體的價值評價。

首先，不能盲目提倡見義勇為，至少有些人不能列入見義勇為對象。

　　老人不能列入見義勇為對象。雖然中國古有「老黃忠」這樣的傳統，但老人就是老人。所謂老人者，本身已到退休年齡，他受自身條件所限，已經不能勝任正常的工作條件了，提倡這些退休的老人去見義勇為，不僅僅是一種思維上的愚蠢，道德上的不負責任，而且也是一種非人道主義的殘忍行為。你讓老人去救火，去下水，去和歹徒作拼死鬥爭，這能合乎人道主義嗎？

　　同理，未成年者，尤其是少年人不能列入見義勇為對象，無其他，只應告訴他們見義勇為應該是一種什麼性質的事情，或者體現了一種什麼樣的精神。

　　記得報紙上曾報導說，好像是四川某地山村起火，一個小學的校長和老師堵住校門，不讓孩子們去救火。我覺得這校長和老師做得非常之對，非常之好。

　　讓孩子去做可能犧牲生命的事，本身就是不人道的，君不見，世界上有個別國家和地區，專用女人和孩子作戰鬥工具，從而造成極大的人員傷亡。凡這樣的國家和地區，其領導者都該受到國際法庭的審判。而那些不問青紅皂白，動輒教育兒童和少年去英勇獻身的人，其行為也是愚昧甚至是罪惡的。

　　還有殘疾人、孕期婦女以及其他類似的人群，都不能列入是見義勇為者隊伍，其理由與前所言俱同。

　　不僅如此，即使是上述人之外的人，也不應該盲目提倡見義勇為。比如對於持槍搶劫者，我們首先考慮的是公民的生命不要受到傷害。人的生命是第一位的，錢財是第二位的。而不是說為了保護財產，寧可犧牲生命。

　　說到這裏，想起這樣一則消息，美國一私企老闆，他的企業受到搶劫，其中一位雇員主動與歹徒搏鬥，結果，這老闆不但沒有表彰這位雇員反而開除了他。他的理由是，這雇員的行為可能會造成其他雇員的傷亡。

這件事，在我們這裏現在也許不會有的。我們甚至會說這老闆太不仗義了。人家為了你的企業，奮不顧身，你還要開除人家，這不是太那個了嗎？

我們這裏通行的作法是，贊佩那見義勇為者的行為，並且想辦法給他點補償，傳統的作法是給他以某種榮譽，眼前的作法是除去名譽以外，還要給物質補償。

但我要說，作為赤手空拳者，或者沒有必勝歹徒的把握者，你的任務不是捕盜捉賊，而是儘快報警，捉歹徒，擒罪犯，乃是員警等公務人員天經地義的責任，這責任不能由旁人越俎代庖，更不能推給普通公民去承擔。雖然人人都有正義的責任，但並非人人都有捕盜捉賊的權力和義務。

一個人做點好事並不難，給 110 打個電話就行了。

而在我們的現實生活中，一大怪現狀是，對於那些兇惡殘忍的犯罪現象，該作為的往往無作為，而無能力作為的偏偏讓你去見義勇為，實乃大謬不然也。

好在情況正在發生變化。

《北京青年報》2000 年 9 月 8 日專版報導：

「對不作為有所作為」。

不作為是一個法律術語，即該由特定公務人民承擔的責任沒有承擔即為不作為。

公務人員不作為為害甚矣。

因此對不作為有所作為權回到正道上來了。報導的提要有這樣的記載：

7 月 5 日《華聲報》載：因車禍受傷的 9 歲小男孩陳慶和媽媽一道第三次走進成都市武侯區法院，為自己和同在車禍中死去的爸爸討個公道。母子們認為武侯區交通局「不作為」，沒有及時清理公路上的泥堆，從而釀下車禍。為此，向交通局索賠 8 萬元。

7 月 11 日《華西都市報》載：四川閬中農民李茂潤聲稱，由於受到瘋子的追殺，多次向警方求救未果，造成終身殘廢。並以此狀告安局不作為，索賠 2358820 元。

9 月 4 日《羊城晚報》載：一名醉漢在潛江市園林派出所翻牆時摔死，其家屬認為員警沒按規定進行強制醒酒措施，將潛江市公安局告上法庭，本月 1 日，法院一審斷定潛江市公安局賠償 5 萬餘元。

我希望這樣的事越多越好，倘若該作為者都行動起來。人們的生命安全必定真正取得保障，也就用不著天天去提倡見義勇為或者為見義勇為而帶來的種種負面後果著急上火了。

7. 鄙視暴力，不屑暴力，讓暴力遠離生命

中國是禮義之邦，照理說，禮義之邦該是最少暴力的。但看中國的歷史，顯然不是這麼回事。中國歷史上的暴力之多，並不遜於任何一個民族，然而這不見得是件值得驕傲的事。

尤其不值得驕傲的是，中國式的暴力，至少自魏晉以降，常常表現為對外屈辱，對內殘殺，這種侏儒式的暴力性格，尤其令人鄙視。

比如東晉十六國時，晉國君臣對於少數民族，有什麼暴力可言，弄來弄去，還是失敗。但是於本族人民，卻是殘暴不仁，即使宮廷內部也是濫殺不已，所謂八王之亂，不過是濫殺亂殺的一個縮影罷了。

宋代其實很富。然而，有富無強，北面的戰爭幾乎沒有不是以失敗告終的。而且失敗了要賠償，沒有失敗還是賠償。戰來戰去，全是羞辱。但對於自己的臣民，同樣殘暴不仁，殺了岳飛，貶了韓

世忠，宋代的忠臣良將，有好下場的不多，而宋朝的百姓，更是屈辱不及太平犬。

明代對外同樣敗多勝少，而且土木堡一戰，連皇帝都讓人家給捉去了。但對內依舊殘暴不仁，或者說更其殘暴不仁，就是被人家捉去又放回來的明英宗，一旦復辟，馬上殺了救國有功的大臣于謙。而且越到後來，對內愈是殘暴，魯迅先生譏諷明代政治，說他們以剝人皮始而又以剝人皮終，可說一箭中的。

清人又如此，對洋人是毫無辦法，對自己的臣民卻辦法奇多。但歸根到底還是以殺戮良民為主。這樣的王朝如果不滅亡，則上天沒有天良，人間沒有正義。

當權者兇暴殘忍是一個方面；官府的橫徵暴斂，草菅人命是一個方面；土豪劣紳以勢壓人，欺壓良善是一個方面：占山為王的土匪搶劫行商，欺男霸女是一個方面；民間的所謂俠義之士，殺富濟貧或者路遇不平拔刀相助又是一個方面。

總而言之，中國雖是禮義之邦，但暴力行為卻比比常在，經久不斷，其根本原因，在於中國從來不是一個法制國家，國家沒法制，只靠禮義是不會公平的，結果是，人們需求公道，沒有公道，有時就會求助於暴力；人們反對禮制，反對無方，有時也會求助於暴力，暴力是對抗禮教的補充，又是對禮教的特殊形式的抗議。

所以中國自古以來，就有了俠的概念，而俠的種類也多，有遊俠，有義俠，有文俠，有武俠，有俠客，有劍客。然而，他們的共同特色是，為著某種情義，可以殺人，或者可以赴死。但那形式，無不是充滿暴力與血腥的。

戰國時代的大思想家韓非，對此早已深惡痛絕，說了，「儒，以文亂法，俠，以武犯禁」。而寫下《史記》的太史公司馬遷，對俠的行為，卻持肯定欣賞態度。他筆下的俠，如郭解，如朱家，如

田仲，如劇孟等，都是他所欣賞的。這些俠並不以勇見長，而是勇於知己者犧牲效命。

其他一些人物，如專諸，如要離，如侯贏，如荊軻，同樣可以歸入俠之類，但比之那些遊俠，似乎又多了政治含義。

因為有這傳統，中國才有了那麼多的傳統武俠小說和現代武俠小說。魯迅先生是把《水滸傳》也納入與俠相關的一類作品中去的。他認為從《水滸傳》到《三俠五義》，正可以看出所謂俠對於官府態度的歷史性轉變。

不管怎樣，有俠的地方就有暴力，俠與暴力是不可分的，不管你傳統武俠小說也好，現代武俠小說也好，不殺人的俠客還沒有哩！只殺壞人的俠客亦十分罕見，由此可知，暴力乃俠的生命，失去暴力，俠便成為無物矣。

一些現代人批評武俠小說，順便也批評金庸，這使很多金庸迷為之氣憤。但至少有二點是無可爭議的，即：

第一，即使如金，梁，古或說如金庸一樣的武俠小說家，也不可能不寫暴力。而且一寫就寫殺死多少多少人；俠在暴力中升騰，這是一個無可辯爭的事實。

第二，凡武俠小說，都有拿人命不當命的傾向，一寫便是某壞人，殺人多少，而且殺人手段極為殘忍。有時還要寫那些不好不壞的第三種人，也是出手兇惡，動輒殺人，真個殺人如搗蒜。殺人方式各異，但那效果簡直就是一個砸蒜的大蒜罐，將人放在裏面，七搗八搗，便成稀爛。然後有俠出來，對著那些壞人，一拳一個，甚至一拳兩個，兩拳三個，七拳八拳，打成齏粉，於是天下英雄哈哈大笑。

但我們要問，殺人真的那麼好玩嗎？即使是殺壞人，就真的那麼令人賞心悅目，心花怒放嗎？那些被殺的小老百姓，就真的那麼命如草芥嗎？

　　武俠小說其實是一個悖論，你要寫俠，就非寫暴力不可，而一寫暴力，又難免不把所謂的俠寫進愚昧兇殘的死胡同裏去。

　　中國式的俠的存在，有如西方中世紀的騎士的存在。

　　但西方出了一位賽凡提斯，他的一部《唐‧吉訶德》就把騎士小說一舉打垮，而且永不復興了。

　　幸好中國那些捧武俠小說的人們，還沒有把金庸比作賽凡提斯哩！

　　這倒不是說賽凡提斯三頭六臂甚至如同佛祖一般，實際上，他之所以取得那樣的成功，還在於彼時的西方社會已經摧毀了騎士文學的存在基礎，他不過是所有先知先覺中的一個，而且特別具有文學才能和喜劇才能罷了。

　　中國的武俠小說，也終將走向沒落，但還需要時日，因為今天欣賞武俠小說的環境還在，人群還大，這也說明中國走向真正法制國家的道路還長。

　　到了那麼一天，中國的法治制度走上成熟的時候，這問題自會迎刃而解。

　　而我本人，非常希望有時間有精力寫一部《律師與俠客》的小說或劇本，將兩種角色和他們所代表的兩種命運進行一種文化碰撞，想必其中的糾葛一定貨真價實，至少比打打殺殺而且要打出成人童話殺出萬變花樣的武俠小說，有趣得多，有味得多，也有意義得多。

　　近些年來，中國大陸的刑事犯罪案件上升很快，各種兇殺案件層出不窮。雖然不能說這些案件的發生都和那些表現暴力的電影電視和武俠小說有關。但其中有它們的某些牽扯，也是不能否認的。比如說，改革開放初期，引進了一部美國電視片《加里森敢死隊》，片子還沒播完，至少北京就出了不少小加里森敢死隊，結果，這片子中途停播。

　　當然，這也和中國文藝界封閉多年有關，但文學暴力會在不同程度上引發社會暴力現象，則是一個無法回避的事實。

　　加上其他種種或者更為重要或者與之相關的原因，現在的大陸人中，常常因為很小很小的一點事情，或者一點矛盾，或者幾句口角，或者一點利益衝突，便引發暴力，輕者傷人，重者死人。這樣的現象不能不令孔夫子歎氣，不能不讓孫中山傷心。

　　即使大學校園，暴力也不再是罕見的怪物了。即使高中、初中，也時有暴力事件發生。據《中國青年報》2000 年 11 月 1 日的一篇文章報導，重慶市的武陵中學初一新生，因兩個人睡一張床，結果發生爭吵，其中一人用削水果的小刀，向另一個人的背部刺去，結果傷及該生左腎，不治身亡。

　　用削水果的小刀，也可以殺人，似乎難以置信，但本人確實買過一種名為水果刀的小刀，那種小刀開合自有講究，而且呈開置狀態時，確實十分鋒利，完全可以殺人。

　　為幾句話而殺人的事，筆者雖未親見，但在公共汽車上，也曾碰到過類似的情節，那是在六里橋附近的一趟公交車上，有一個外地男子背著個書包，上車時撞了一位北京的女士。這女士很不滿意，嘮叨了幾句，於是這男子怒目而視，大聲說：「你他媽再說，老子殺了你」。這件事到此為止，沒有再發展下去，如果發展下去會不會真的出現血腥場面，我不知道。我請教一些專業人士，人家告訴我說，那是十分可能的。

　　隨隨便便殺人，這至少是一種極度醜惡的行動。

　　身為現代人，作為現代人，作為正在實現現代化的中國大陸的現代人，一定要，務必要，必須要，無論如何也要確立這樣的觀念：

　　人是世間一切生物中最為寶貴的；

　　生命是最為寶貴的；

面對任何一個人的生命，我們都該有如臨如履之感，都該有如雷如電之感，都該有如親如戚之感。

即使我們面對的是一隻小鳥兒，一隻美麗或不美麗的小鳥，我們就忍心隨意地捕殺它們嗎？

即使我們面對的是一隻猴子，一隻或聰明或不甚聰明的猴子，我們忍心就隨意地殺害它們嗎？

即使我們面對的一隻猛禽或有一隻猛獸，如果它們並未損害人們的利益，或者雖然對我們的利益有些傷害並未危及我們的安全，我們忍心就隨意地傷害它們嗎？

要知道一切目的中人是最偉大的目的，而且一切價值中生命的價值代表了最高價值。

可歎的是，我們離這個目標還遠哩！現代文明正在 21 世紀的高坡之上向我們招手，願我們能知恥而勇，面對陽光。

8. 人是不可以殺的——現代文明與廢止死刑

廢除死刑，在國際上早有先例，歐，美一些國家在 20 世紀已經實行。

但在我們中國，這件事還遠遠沒有提到議事日程。僅此死刑觀念，對於多數中國人而言，廢止死刑也是一個新題目。

廢止死刑，首先不合乎中國的法律文化傳統。死刑在中國歷史久矣。早到何時，難於細考。秦人多暴政，殺人滅族如同兒戲。劉邦入咸陽，廢秦法，與關中父老約法三章，應該是寬刑緩法的了，但那基本原則，仍然是殺人者償命。誰殺了人，就要判誰死刑。

但在現代文明條件下，死刑的觀念發生變化，或正在發生變化，或已經發生變化，其中特別重要的一大觀念，即：人是不可以殺的。

人既然不可以殺，那麼，其邏輯結果就是廢止死刑。

但很多人，比如我們中國人會想不通。

一個想不通，如果廢止死刑，會不會縱容殺人犯，從而導致殺人越貨等惡性刑事案件急速上升。

這擔心不能說沒道理，但對於沒有廢止死刑的國家而言，卻又只是一種推測。那麼，已經廢止死刑國家的情況怎麼樣呢？結果是，惡性犯罪率並沒上升。比較而言，廢止死刑與未廢止死刑國家的犯罪率，沒有多大變化，比率大體相同。

另一個想不通，是被害者親友或者旁觀者替被害者親友想不通。他殺了人，為什麼不殺他？所謂天網恢恢，疏而不漏，不殺殺人者，就是對被害者的不公。

這道理確實司空見慣，已經傳承了幾千年。

但我要說：懲處殺人者，未必非要殺他，而且所謂天網恢恢，疏而不漏，並非，天網恢恢，不殺為怯：所謂以牙還牙，以眼還眼，也並非在一切區域在一切歷史條件下都是通用的，它並不具有這樣的普適性。

廢止死刑的理由是：

第一，用新的懲處罪犯的方式治理犯罪：

第二，用新的懲處罪犯的方式表明法律的立場：

第三，用新的懲處罪犯的方式開拓新的歷史文明。

當然，這是需要人民同意的，也是需要必要的法律程式的。唯有滿足上述兩個條件，廢止死刑才具有合法的前提。

即使不廢業止刑，也一定要廢除肉刑，肉刑即對罪犯的肉體懲罰與虐待。

這方式既是落後的，也是反文明的。

而中國文化傳統，在一切法律文件中，最為重視的乃是刑法，而在刑法中，最為重視的乃是死刑法。且中國古代刑律，本質上乃

是一種懲治律，我在前面說過，因為儒學傳統，是最講究「膚髮受之於父母」的。因為膚髮受之於父母，最重要的事，乃是使它們安安全全，不受損傷，但也為此，對於犯罪者，則一定反其道而行之，其結果是，犯罪越重，越要折磨直至毀壞你的肉體。輕則夾指頭──拶，打板子──笞；重則，剜鼻子──劓，挖膝蓋──刖，再重的，則要砍頭，則要腰斬，則要五牛分屍，則要零敲碎剮──磔，一直到滅門三族，滅門九族。

現代文明，不但要廢除一切肉刑，而且必須給犯人以文明待遇。如果說傳統刑律是肉體懲處律，那麼，現代刑法只是自由約束法。自由可以約束，待遇卻要文明。

所謂待遇文明，即無論監舍條件也好，飲食條件也好，衣著條件也好，以及與其生活相關的其他種種條件在內，都務必是合乎衛生的，無害於健康的。

我在某個地方說過，最能反映人類現代文明的地方，一是監獄，二是醫院，這兩個地方正是現代文明與否的試金石。

即使一時不能廢止死刑，對於死刑犯也要給予同樣的文明待遇。不但在他們生時，要給予必要的文明條件，在執行死刑時也要盡可能減輕他們的肉體痛苦。

千萬不要說，你狠，我更狠，看看到底是哪個狠？

如果按照這個邏輯發展下去，那就糟糕了。其最後的邏輯結果必定由「你狠，我更狠，看看到底誰更狠」發展到「你壞，我更壞，看看到底誰更壞」。

真的那樣，哪有文明二字可言？

但在這些方面，我們顯然還有很長的路要走。

比如對死刑特別是對死刑過程的宣傳，應該慎之又慎，而不是作為新聞重點，大肆渲染。

　　古代人殺人是要示眾的，或者梟首示眾，把頭顱掛起來，讓人們看，或者專找熱鬧的地方殺人，名曰棄市，總而言之，是人越多的地方越適合開殺戒，但這並不文明。殺人既不合現代文明之義，宣傳殺人亦不合現代文明之義。然而，仍然有這一類的報導，對這些報導，別人感覺如何，不知道，但在我，是覺得不舒服。

　　比如「特區文摘」第 308 期，在頭版頭條位置，登了一篇「處決成克傑紀實」。全文三個題目，第三個題目即「處決」，那過程寫得太細了，我認為沒有必要。如文中法官宣佈了執行死刑的命令之後，問成克傑：「你還有什麼話要說嗎？」「我……我……」成克傑嚇得渾身癱軟，說不出話來。這時──

　　「行刑隊上來了幾個全部武裝的法警按規定將成克傑五花大綁，插上死刑特有的『斬』字牌，拖上警車」。

　　車隊到達刑場後，行刑法警將成克傑從警車上拖了下來，拖到了離車隊 100 米開外的一個土堆前，面朝土堆，法警上前推了一掌，『撲通』一聲成克傑跪下，身後的射手『咣當』一聲，將子彈上膛，指揮官戴著墨鏡舉起了紅色令旗，預備，射擊！隨著指揮官一聲令下，『啪』一縷青煙從槍口噴出，10 米以內的成克傑的腦袋應聲開花，一股熱氣從頭頂噴出，與秋天的涼氣一接觸，形成一縷白色的帶有腥味的氣流。

　　殺成克傑要五花大綁，還要掛上一個『斬』字牌，筆者是沒有想到的。在我印象中，掛牌子總與遊街示眾有關，現在既不遊街，也不示眾，為什麼還要掛上個斬字牌呢！

　　讓犯人跪下受刑，也是傳統，但有無必要，值得商榷。

　　別的描述先不說，一聲槍響，腦袋開花，真的非令犯人腦袋開花才算勝利完成任務了嗎？

　　無論從哪個角度上，行刑方式都必須改革。

　　而且，即使馬上進行改革，也已經不先進了。

我們不是常說，要和國際接軌嗎？死刑方式也要和國軌接軌啊！

實際上，中國大陸的行刑方式確實在發生變化，而且與中國二千年傳統相比，這些變化不僅是巨大的，而且是深刻的。

《北京晚報》2000 年 6 月 14 日在法制週刊版專門登載了題為「從『槍到針』行刑沒有槍聲」的文章，文章共有 5 個題目，分別是：

A 刑場靜悄悄，B 真正行刑者無人知曉，C 注射法死刑未有統一標準，D 各國死刑執行方式五花八門，E 注射法死刑，體現文明。

文章注意到了死刑方式與文明的聯繫，而文明是不可抗拒的，它不會在死刑及死刑執行方式上給任何一個國家或民族留下一個死角。

死刑之外，還要說說交通死亡及其死亡觀念。

現在中國的交通事故很多，而造成交通事故的一大原因，在於行人或者非機動車不遵守交通規則，於是有城市提出，因行人或非機動車違反交通規則造成的傷亡，其後果自負。這其實也是有依據有道理的。但有的記者便借題發揮，自以為瀟灑地寫道：「行人進京，──撞了白撞。」

《北京青年報》據此進行專題討論，而且連續發文，2000 年 6 月 13 日的法制週刊，專題再議「本刊再探『撞了白撞』」。

全文分 8 個議題：這 8 個議題依次為：

議題一，「撞了白撞」合不合法？

議題二，是不是行人一進京，就要為自己的行為付出生命的代價呢？

議題三，一個血肉橫飛，一個毫髮未損，「撞了白撞」是否公平？

議題四，人們是否違章跟賠錢有多大關係？

議題五，「撞了白撞」是「一刀切」嗎？

議題六，「撞了白撞」是讓司機大開殺戒嗎？

　　議題七，「撞了白撞」現在非做不可嗎？

　　議題八，「撞了白撞」之後誰來管？

　　我認為，這討論很有價值，而且這證明我們北京人對此有很敏感的人權嗅覺。

　　不管怎樣，「撞了白撞」這提法就很欠考慮。

九、死亡觀念大轉變（二）

——現代文明第二提問：死亡、安樂與自尊

就傳統的意義而言，第 8 節討論的主要是非自然性死亡問題，而非正常死亡特別與法制有關，本章討論的主要是自然性死亡的價值、方式與意義等問題。這一章的內容，應該說是狹義死亡的原本含義。

但隨著人類文明的不斷進入新的層次，幾乎所有傳統問題的界限都在走向模糊，即法制的也會滲入自然，而原本屬於自然的也會牽扯法制。文明的複雜性在此，它的魅力也在此。本節共討論三個問題：

1. 不但要死得值，尤其要死得好——怎樣才能死得好

在這個題目下，一共討論 8 個層面的問題：

其一：死的價值評價

這問題，前已言之，但還有討論的必要。

傳統文化評價死亡，一言以蔽之，只看死亡者死得值不值。這就是我在前面已經分析過的司馬遷所謂「泰山、鴻毛」之論。毛澤

東在延安時期，為紀念張思德，專門引太史公的這段話，而且給了新的闡釋。

死的值不值的問題，過去存在，現在存在，將來也會存在。

比如在生死存亡關頭，一個人捨身救人，一個人只顧逃命，那麼這兩個人的死，或說對死的價值追求，顯然是不一樣的。

又如國難當頭，我們自然希望一百年，一千年，一萬年以至永遠都不會有這樣事情發生，但如果它發生了，那麼為國捐軀者，肯定也必然會受到全民族的哀悼和敬仰，而叛變祖國的人，就是死了，也比鴻毛還輕，不，應該說比狗屎還臭。

既有死亡，總有價值。而這價值因為它的背景環境的緣故，常能發射出特殊的歷史光芒。對此，是不該有疑義也不會有什麼疑義存在的。

但死亡不僅是這樣一個層面，而且，雖然我們不能說，未來就絕對不會有國仇家難這樣的災難性形勢出現，畢竟這種可能性正在日益減少。因為人類總在進步，人類文明總在發展，文明必定戰勝邪惡。文明如果不能戰勝邪惡，就是文明本身出了問題了。那麼，人類就該尋找新的文明。

而文明進步的最根本的標誌表現在什麼地方？就表現在它對人類自身的關懷上，它對人類境遇的改善上，它對人類素質的提高上，它對人類生命過程的撫愛上。

文明若不能關愛人類，這文明若非處在低水平階段，就是它已經背離了文明的主旨。而背離主旨的文明還能稱作文明嗎？

文明關愛人類，表現在死亡這個層面，它必然提出新的要求，用一句話表示，即：

不但要死得值，尤其要死得好。

但傳統的死亡，在很多很多情況下，都是死得不好。

　　比如因一些痛苦的疾病而死。病人死前，疼痛不止，痛苦煎熬。他們忍受著無法忍受的痛苦，哭著、叫著、喊著，求著，欲死而不能，欲生而不得。一腳在鬼門關裏，一腳在鬼門關外，直到咽下最後一口氣，都沒有得到半刻的安寧。這樣的死，未免死得太慘。

　　比如長期受到不治之症的折磨，病人已經骨瘦如柴，形象怕人，內心的痛苦更其怕人。他們雖生活在人間，又如生活在地獄，飯也吃不得，覺也睡不得，話也說不得，路也走不得，雖然渴望一死，但死神偏不來臨。這樣的磨難比死更其可怕。

　　而人間的病魔，種類之多，原不是我們這些非專業人員可以明瞭的。僅就我們知道的那些可怕病症，已足以令人不寒而慄。正是這些被我們稱之為不治之症的病魔，日日夜夜無時無刻不在吞噬著人間一個個寶貴的生命，它使美人變醜，使正常人變形，乃致使人耳變聾，口變臭，肉變爛，眼變瞎，手腳變殘，頭腦變傻，而幾乎數不清的病人，就在這樣的狀態下，無奈地死去，痛苦地死去，瘋狂地死去，慘烈地死去。

　　這樣的觸目驚心連心扯脾的慘劇，自古至今，毀了多少生命，傷了多少人心。然而，傳統文化下的人類，只能聽天由命，以自己的淚水和同情，送他們一個個走上無歸之路。

　　傳統文明下，最好的死亡，就是無疾而死，或者說善始善終。《水滸後傳》寫武松、公孫勝，說他們無疾而終，盡享天年，那是最大的幸福。而對於更多的人而言，無疾而死，善始善終，不過是一個難以實現的夢想，或者說是一種可望而難及的幻想罷了。

　　現代文明面對死亡，發出新的資訊：

　　作為新人類，我們不但應生得好，而且要死得好。

　　讓活著的人盡情地活著，讓死去的人快樂地死去。

　　死，難道還可以快樂嗎？

回答說，完全可以。

但到達這樣的境界，首先需要觀念的轉變。

其二：醫生職責評價

醫生是做什麼的？

救死扶傷的，實行人道主義的，這觀念，可說是人人熟悉。

救死扶傷，實行人道主義，一點也不錯。

但千萬不要對這個很好的口號或說宗旨產生片面的理解。

片面的理解，是要求醫生一定要治好病人的病，否則，就不是好醫生，或者換個說法，病人和病人家屬就不會領你的情，不感謝你的勞動。

醫生看病，一定要看好，這是一個美好的期望。

事實上，確實有很多很多的病症，確實一經大夫診治，便很快痊癒了。於是病人感激，家屬感動，送旗送匾，以示謝意。

特別是有些疑難病症，病人跑了多少醫院，找了多少醫生，都沒有看好，甚至已經被宣佈為不治之症了。絕望之際，被一新的大夫治了病，救了命，那種感激與激動，更是無以言表。

於是被治好的病人便稱這大夫為「當世華佗」，稱其為「杏林聖手」，以及「醫林聖手，世上神仙」，種種美譽，不一而足。

醫生診病，一定看好，這其實也是一個誤區。

昔日給皇家看病的御醫，身份地位固高，然而危險也大。皇帝死了，是要找御醫算賬的。可能後來他們也覺得這樣做有點太那個了，所以就變通一下，皇帝一死，先把御醫看管起來，以示懲辦，過些時候，再恢復他們原有的職位。

總而言之，它給了人們這樣一個資訊，反正病人死了，你身為大夫總有些責任。

因為有這樣的誤區，所以，現代醫院都有這樣的經驗，一看病人不行了，馬上向家屬發出病危通知。其意若曰：通知已到，勿謂言之不預也。

傳統的中醫，則一看這病有些棘手，馬上請病人家屬另請高明。

這個叫作全身而退。這不是說這大夫見死不救，而是他實在擔不起治死人的惡名。

這種誤區，帶來的另一個負面後果是：

每每有老中醫，特別是鄉間的老中醫，在看病之時，一號脈，便聲明已知病情七分，他不讓病人自述病情，也不要家屬代述，而是自己根據脈象把病人的病情講出來，然後問病人對不對，以此證明自己的醫術高明。

其實，這已經違背了中醫的本旨。中醫的基本診病方法，叫作四診八綱。四診中的一診，就是問。望、聞、問、切之問。你老人家該「問」而偏不問，而是以切代問，這樣的診法，與祖宗的經典傳統不合。

而造成這種情況的，是求診一方或者說社會輿論過於追求神醫，渴望神醫。而一旦病人的病情沒有痊癒，就會把責任把怨氣把所有的不快都推到醫生頭上。這顯然是一個誤區。

實事求是地說，有些病是有把握醫好的，有些病是沒把握醫好的，有些病在一般情況下，是很難醫好的。很難醫好的病往往稱為不治之症，你想讓大夫醫好不治之症，如此要求，確實過高了。

同時，也有很多病，是可以不治而愈，即所謂自愈，包括癌症，也有相當數量，有人說約有 10% 的自愈可能。那麼，如果一個人得了癌症，去了 8 個醫院都沒醫好，後來到了一個醫院，偏偏這個時候，他的病自愈了。明明是自愈，卻把功勞全算在這醫生頭上，而且說這大夫是天下奇醫，那也是一個誤區，如果執迷不悟，還要廣

為宣傳，結果使別的病人也來這裏，渴望藥到病除。那麼，這個誤區所造成的傷害顯然就更大了。

所謂醫生職責價值觀念的轉變，是說：

首先，我們希望動用一切醫療手段，治好病人的病；

如其不能，我們希望讓病人享受到最好的治療和最佳的生命過程；

如其再不能，我們也希望，醫生能使病人死的安靜，死的快樂。

換句話說：

如果醫生不能幫病人活，那麼他也該有責任幫病人無痛苦地死。

其三：藥物價值評價

藥的最基本的功能是治病，這無可懷疑。但藥有兩重性，卻不是人人盡知的。

藥的二重性包括，藥既具有治病的功能，它的治病功能又是有限度的。

沒有限度的治病功能的藥，就是神仙方，世間沒有神仙方。而所謂神仙方，即一切病，都可以治。所謂不但藥到病除，而且包治百病。

而包治百病的藥，無疑就是能使人長生不老的仙丹妙藥。

這樣的藥，古來可曾有過的？

有過，有過，只是吃死了不少皇上。

這樣的藥，現在可曾有的？

有的，有的，只是吃少了不靈，吃多了會死。

這樣的藥，未來可能會有？

會有，會有，只是要等人類個個都成了神仙的一天。

可是，人人都成了神仙，還要藥有什麼用呢？

　　莫非神仙也會長腳氣，也會神經衰弱，也會消化不良，或者也能得愛滋病嗎？

　　本人孤陋寡聞，除聽說嫦娥有心口疼的毛病（這是吳祖光先生通過他的戲劇告訴我的）之外，還沒聽說哪位神仙有腳氣，或得了愛滋病呢！

　　藥能治病，但不能治一切病。現在的一些廣告，胡吹海吹，好像什麼疑難病症都可以治。癌症能治，愛滋病能治，氣管炎能治，諸如高血壓、糖尿病之類，更是不在話下。其實，越是吹得天花亂墜，越不要信他。真有那樣的療效，早蹦出中國，跑向世界了。或者諾貝爾醫學獎早拿回來十次八次了。

　　藥能治病，是說，有些病可以治好，有些可以延緩病情，有些只是為了解除病人的痛苦。

　　而解除痛苦，不是說病沒了，病還是病，只是不疼了，不癢了，不難受的要命或者可以忍受了。這個，也是藥的作用。

　　這樣的藥不能改變你的病情，但可以改善你的生存質量。

　　例如安眠藥，例如麻醉藥，例如止癢藥以及特殊的止疼藥杜冷丁等。

　　但在傳統的觀念中，對止疼藥，往往是抗拒的，對杜冷丁之類的容易產生依賴性的止疼藥尤其抗拒，甚至對麻醉藥也持抗拒態度。

　　如劉伯承元帥，年輕時候，受了嚴重的眼傷，但他為了不影響自己的記憶力，一位德國醫生為他做眼球摘除手術時，他要求並堅持不用麻藥，以致於這位醫生說他不是一位軍人，而是一位軍神。

　　不用麻醉藥，是怕影響以後的工作能力。

　　不用止疼藥，也是怕因此而影響了記憶力或者創造力。

　　而不用如杜冷丁一類的止疼藥，更怕因而上癮，而從另一個方面毀了自己的前途。

與疼痛作對，表現的是一種不屈的精神。

所謂拿疾病作敵人，與病魔相鬥正如與敵人周旋。

然而，病魔有類於敵人，卻不是敵人。

疼痛有類於往古的酷刑，卻又不是往古的酷刑。

而且，疼痛也是複雜的，其中有「壞」的疼痛，有中性疼痛，也有「好」的疼痛。

壞的疼痛，爭論不大。但說到好的疼痛，難免令人費解，甚至令人反感。你說好的疼痛，十有八九是因為你沒有什麼疼痛。否則，讓你牙痛，或者腿痛，或者腰痛，或者頭痛，看看還說不說好的疼痛了。

疼痛給人的好像只是痛苦，如果不是痛苦，孫悟空就該為自己戴著個緊箍而驕傲了，——你們看咱老孫，想什麼時候頭疼就什麼時候頭疼——只要念咒就行。

有這樣的孫悟空嗎？

如果有，准是染上受虐症了。

唯受虐症者喜歡疼痛，你越打他，虐待他，他越高興。

然而，並非如此。

實際上，很多類的疼痛，皆與快樂有關。

比如古代盛行紋身，紋身無疑是痛苦的，想當初岳母刺字，還要為驕兒落淚，那還是寄託著報國深情的紋身呐。

紋身的過程是一次充滿痛苦的過程，紋一兩個圖形也還罷了，如果像九紋龍史進或者如浪子燕青那樣，渾身上下都要紋遍，沒有相當的意志，怕是很難堅持。

唯其如此，紋身本身即表現的是一種意志力量的展現。

所以，紋身常與江湖英雄聯繫在一起，與黑社會聯繫在一起，與原始部落的生活習俗聯繫在一起。

現在進步了，紋身似乎也現代化了，它至少與美國 NBA 這樣重力量又重體質更重技術的體育明星聯繫在一起了。提到羅德曼，沒有不想到紋身的。紋身是一種疼痛，然而，也是一種快樂。

還有美容，尤其女性的美容。同樣常常與疼痛聯繫在一起。如紋眉，如給耳朵穿孔，給鼻子穿孔，甚至給嘴唇給肚臍穿孔，都與疼痛相關聯。

因為美容與疼痛相伴，一些女性未免內心矛盾，於是有店家專門打出招牌，說是無痛紋眉，無痛穿耳孔。

無痛固然更好，縱然有些痛苦，也與快樂相關。

還有生育過程，也有類似的情況。

生育過程自然是充滿痛苦──疼痛的，專業術語叫作陣痛。

陣痛因人而異，有的很劇烈，有的不很劇烈，但絕不是一種非常舒適的過程，如吃冰激淋一樣，或如喝酸奶一樣的。

然而，只要不是難產，絕大多數孕婦可以忍受這個過程，甚至在疼痛的間歇，有一種幸福的感覺在流溢。這種幸福的感覺中，包含著無窮的母愛和一個准母親對於未來的憧憬。

疼痛與快樂相聯繫的，還有性生活。性生活不是總伴隨著疼痛，但在初次性交的時候，是有某種疼痛感的。然而，戀人們可以接受它，甚至有些喜愛它。這不是作者胡言亂語，而是有許多例證可以證明的。我手邊的一個例證，是《北京病人》一書提供的證言。那書中以老康為例，說他──

逛書攤時看到一本書，叫《痛並快樂著》。老康一看書名，還以為是關於處女的初夜性經歷呢，便買了一本。回到家裏一翻，才大呼上當。[1]

---

[1]　《北京病人》第 36 頁。

　　這老康可不是等閒人物，據書前的檔案介紹，老康者，乃職業作家石康是也。當個職業作家其實也沒什麼特殊的，但這石康寫的《晃晃悠悠》和《支離破碎》，確實身手不凡。

　　疼痛的積極表現，還在於它可能是一種重要的資訊。比如身體的某個地方有病，但它不作出反映──一點資訊也沒有，這就很可怕。好像鬼子悄悄地進村，很容易造成重大的傷亡。如果身體的某個地方，剛剛有點問題，它便大發警報，如汽笛長鳴，如警聲不斷，那麼，一定會引起患者的注意，就是你想不注意都不行，它讓你疼吶！

　　這個時候，疼痛就成為一種信號。所以，現在的醫療常識中，常反覆提醒人們，一旦發生疼痛，千萬不要亂吃止疼藥，以免因為吃藥掩蓋了病情，並造成嚴重的後果。

　　還有一些疾病，是不疼痛的，例如中風、臆病等等。不是不疼，而是不知道疼了。這種狀態下，能有疼的知覺，便是天大的喜訊。早些年，我家鄉一個朋友的小女兒得了臆病，半個身子不會動了，也不疼也不癢，請西醫看，懷疑是小兒麻痹。然而也不對，小兒麻痹，怎麼會半身不遂呢？後來到虎坊橋一位坐堂行醫的老中醫那裏看，他看了，說扎一針看看罷。一扎，孩子覺得疼了，於是老中醫笑了，說這病可治，再來兩次就行了。結果不出三天，這孩子已恢復如初，現如今已出閨閣，並且作了母親。

　　不疼痛的病中，最為可怕的要算麻瘋病了。麻瘋病十分屬害，但它就是不疼，不痛而爛，可惡可憎。醫生對待這樣的病人，就是希望他疼，有了疼的感覺，那病就快好了。

　　對於疼痛，美國人保羅・布蘭德和菲利浦・楊西著過一本專著，書名就叫《疼痛》。書的卷首語上寫道：

　　疼痛，無人想要的禮物。

但看那內容，卻不是全然如此的。書中寫了很多與疼痛有關的病例。其主要觀點是，疼痛並不可怕，有時它是必須的，有時它是必要的，而且它也是可以享受又可以被克服的。

但也有很多疼痛是難以避免的，而且也是不好的，它後面沒有半點好消息隱藏著。對這樣的疼痛，或者可與之同樣，或者就該吃止疼藥了。

與疼痛周旋，雖是無奈之舉，但並非不能從中受益，或者不能從中取得某種樂趣，或某種藝術感、勝利感。

有一本同為美國人寫的名為《生死之歌》的著作，其中公認了這樣一種抵制疼痛的方法，那題目叫作「放鬆，別抗拒」。

書中說一位脊柱上長了腫瘤的妙齡女郎，因這疼痛痛苦萬分，但她學習了很多種與疼痛周旋的技巧，其中一種即減疼靜坐法。那方法是，當疼痛來時，將——

注意力集中於背部和雙腿，開始放鬆疼痛部位的四周，這是她首次准許疼痛存在於體內。抗拒疼痛的心念在痛處周圍形成一個拳頭，她緩慢放開緊緊包圍疼痛的每一隻手指。她又感受到腿上和背上激烈的疼痛，再次放鬆痛處四周的肌肉、韌帶神經纖維。她允許抗拒力道轉為柔和，每一個細胞都向疼痛開放。她不去消除疼痛，反而讓痛楚自由地飄浮在太空中，她原原本本地接受疼痛了。

疼痛只是病人身體反映出來的抗拒心念。

放鬆過後，她的諸般心念平靜下來。她不再受困於「痛」、「腫瘤」、「癌症」等增加抗拒痛苦的字眼，就是因為這些觀念作祟，由生入死的真實經驗才被扭曲為重大災難與疼痛周旋，並能靜以待之，甚至從中取得某種快感的，無疑可以稱之為疼痛的藝術。

但對於絕大多數無法回避和克服的疼痛來說，還是要吃止疼藥。

而且對於那種「壞」的疼痛，即天天都會襲來，甚至時時都會襲來，而且幾乎已經沒有辦法根治的壞疼痛來說，要遵從醫

囑，吃各種各樣的止疼藥，也包括如杜冷丁一樣的帶有依賴性的止疼藥。

有些疼痛可以克服，可以克服的疼痛，如果你害怕吃止疼藥或打麻針產生不良影響的話，那麼，你就堅持一下吧！但對於那些無法克服的疼痛而言，沒有必要為它付出更為慘烈的代價。

有人說，不怕疼痛，抗拒疼痛，可以留下一種寶貴的精神。

其實，這是一種很不正確的觀念。

孔夫子說：「知其不可為而為之，悖也。」如果一個人面對的是無法根治的劇痛，而硬去和它對抗，那麼，這個就是一種「悖也」的行為。

而這種行為，帶來的後果，將更為可怕。因為它嚴重地惡化了病人的生活質量，它帶給病人的只是無邊的痛苦，甚至這痛苦走到不可收拾的地步。而這種痛苦，不但直接毀壞了患者的生活，同時也嚴重地損害了病者親友的心情，使他們變得焦急、無奈、悲傷、痛心和沮喪。

這樣的精神，其實是一種虛妄的渴求，而虛妄的渴求是沒有任何益處的。

實在說，即使患者表現出超人的忍耐力，我們也不能或不應該把這種精神傳之於後代，從而為後來的患者增加更多的疼痛恐懼感。

這裏接上前面的話頭，藥物的功能不但在於治病，而且在於治痛，萬一那病是不可治的，能夠治痛也是好的。

我們寧可讓生命的最後一段在平靜無痛苦中悠悠度過，也絕不提倡那種無謂的只有毀滅生活質量的所謂忍痛精神。

那個時候，杜冷丁可能就是病人的最好朋友。

請來杜兄，送走痛兄，不亦樂乎！

其四：護理價值評價

中國文化傳統，人一有病，必須兒女在身邊，而且相信，唯有兒女親侍在側，才是最大的幸福。

這觀念值得商榷。

我說這觀念值得商榷，並非是推卸作兒女的責任，因為我也是父母的兒子，而且我認為別的兒子可以做到的所有事情，在我也是可以做得到的。

我說這觀念值得商榷的理由是：

由兒女或者說只能由兒女照顧病危的父母，並非上策。

雖然中國傳統文化，特別提倡兒女的孝道，提倡那種為著父母的康健，親侍湯藥，衣不解帶，甚至剜肉療疾，但那全是非常不科學的。

親侍湯藥，未必可取。而且，古來的孝子，在父母吃藥之前自己要先嚐一口。請問，這先嚐一口，是什麼意思呢？

是試一試這藥靈不靈嗎？顯然不是。縱然你是孝子，你又不是病人，就算你是病人，就嚐這一小口能解決什麼問題呢？

衣不解帶，也不可取。衣不解帶，表示了孝子的辛勞，而且動不動三個月衣不解帶，臥不安眠，這其實是一種慢性自殺的行為。倘若你半年不好好休息，自己也累趴下了，那麼，你患病的父母由誰來照管呢！或者你身體特棒，雖然累得要命，卻還能堅持；堅持儘管堅持，卻臉也黃了，眼也紅了，太陽穴也塌了，鼻子頭也尖了，腿也僵了，嗓子也啞了，舌頭也沉了──您都這模樣了，還堅持吶！您的父母能夠安心養病嗎？

而且聰明的中國人，也早就看出「久病床前無孝子」這個道理。不是中國的孝子不孝──中國孝子並非天下第二，也絕不肯做天下第二，實在是那種傳統的辦法不能適應禮教的要求。

175

何況現代人工作要求越來越高，而壽命越來越長。

工作要求高，表明只靠或死靠兒女照顧病人已不大現實，否則，他或她很有可能被單位開除的。如果他或她被炒了魷魚，那麼不但患者面臨的困難更多更大，而且其他家庭成員也會碰到更為嚴峻的生活問題。

壽命長，表明只靠兒女和配偶照顧病人顯得力不從心了。一個人活到 90 歲，他的兒女怕也有六七十歲了。讓一個六七十歲的老人去照顧那更老的老人，怕是混亂的時候多而幫忙的時候少了。

科學的辦法，正確的辦法，是讓專業護理人照顧那些身患重病或絕症的病人，送他們走過生命的最後一程。

這種選擇有三大好處，至少有三大好處：

第一，它可以使患者享受到科學化的最佳服務。從而最大限度地減少各種因不懂專業知識而來的失誤。

第二，它可以解放家庭生產力，從而使患者的親屬更增孝道之心。

第三，它可以帶動社會化專業服務的發展，不斷提高社會化專業服務的水平。

好處如此之多之大，我們何樂而不為之？

其五：確立新的醫療消費觀

醫療與消費聯在一起，傳統的中國人難於接受。

醫療也是消費？

這算什麼話？要消費，消費點什麼不好？

買鮮魚能嚐腥，買羊肉能嚐羶，買衣服能保暖，旅遊能散心，買塊臭豆腐還嚐嚐臭味呢！

中國人有句老話，叫「有什麼別有病，沒什麼別沒錢。」

　　偏這有病和沒錢存著內在聯繫，往往是有了病就沒了錢，甚至可能一有病准沒錢。

　　其實這是誤解。

　　醫療也是消費，正如保健屬於消費一樣。

　　而且這種特殊性的消費不但是必不可少的，而且可以為人的一生的特殊階段帶來特殊的好處。

　　雖然說中國人不喜歡說病，但我們又是非常智慧的民族。我們知道天有不測風雲，人有旦夕禍福。誰也不能說就不得病，正如誰也不能說可以不死一樣。

　　那麼，既然有病是必然的，死也是必然的，那麼就可以理解為病與死正是人生的必修之課。為這種必修課花點錢，不但值得，而是十分值得。

　　何況，**醫療消費，可以治病的，給病人家屬帶來莫大的好處。**

　　一個重病人，如果讓你住在很不乾淨，或者雖然乾淨卻很不如意的地方，例如好幾個人住一個病房，這個人在吸痰，那個在抽血，這個人在嘔吐，那個在化療，一會兒這個哭了，一會那個喊了，這樣的環境，對於病人可有好處？

　　反過來說，如果我們有這消費能力，我們的病人可以住上好的房間，不但乾淨，而且舒適，不但舒適，而且有個性，就不僅有益於恢復，而且可以增添興趣，窗外的草是綠的，室內的花是紅的，不但可以看電視，而且可以和護理人員聊天，可以彈琴，可以唱歌，可以做一切醫療所允許的娛樂活動。那麼這樣的環境，對於病人的康復顯然是有極大好處的。即使對於已經進入生命最後一個階段的病人，也未嘗不是一種幸福之路。

　　這就要求病人，病人家屬和醫護人員，以及社會輿論，要改變傳統觀念了。

　　從病人這一面講，不要以為反正也是快不行的人了，受罪是死，享受還不是死，享受還要多花錢，與其費錢而死，不如死了算了。

　　這顯然是個思維的誤區，其實人人都要死，因為要死就不享受了嗎？

　　你還有 100 歲的生命，最後不一樣走向死亡嗎？

　　你還有 100 天的生命，最後同樣走向死亡。

　　那麼好了，有 100 年壽命，就消費和享受它 100 年。

　　有 100 天的生命，就消費和享受它 100 天，不是非常好嗎？

　　從醫護人員的角度看，你們不僅肩負著救助病人生命的重大責任，而且肩負著提高病人生命質量的極其重大的責任。

　　面對一個絕症病人，你們能讓他延續 5 年生命，甚至 10 年生命，固然很好。但是，如果這 5 年或 10 年生命過得並不幸福，那麼至少這生命是有缺陷的。

　　一個人一生作楊白勞，有什麼趣味！

　　如果你們不僅能延長患者的生命，而且讓他們生命的質量，讓他們像健康人或者近似健康人一樣地活著，那才是真正的救死扶傷哩。

　　救死就是使人不死，但不是活得如死人一般，甚至活不如死。

　　扶傷就是使人康復，至少使其雖然有傷卻如同無傷一般。

　　從病人親屬這個角度考慮，讓自己的親人在安祥平和的氣氛中走過自己生命的最後一段，那才是最佳的選擇。即使你是基督徒，你也最好能親眼看到自己的親人在人間享受到天堂的待遇，而不是讓他們在人世間備受煎熬亡後帶著那無邊痛苦的靈魂再悲悲切切進入天堂。

　　醫療消費，是需要錢的，有錢人應該想得明白，自己辛辛苦苦攢下來的錢，最好要用在刀刃上。即使你什麼理論也不懂，至少應該明白，把錢花在生命的消費上是最值得的。縱有百萬千萬財，死去只占六尺田。

那麼無錢的人吶，沒錢怎麼辦？對無錢的人，就該由社會保障體系負責。它不負責，人民有權要求它負責。我認識一位朋友，他和夫人去了美國，以後把兒子、女兒也接去了。兒子有殘疾，他也退休了。一個退休的人在美國生活是不很容易的，特別是當他還沒拿到綠卡的時候。他在北京有房，而且也有了二三萬美元的積蓄，但他們夫婦，想來想去，決定還是不回來。其實有二三萬美元，在北京又有房子，又有退休金，是可以生活得好的。但他們出於為自己殘疾兒子著想，不回來。他告訴我，再拖幾年，拿到綠卡，到了見馬克思的時候，兒子便有資格到社會福利院。而美國的社會福利院各種設施十分到位，差不多有類於我們的星級賓館，所以寧可忍著，也要堅持。

這件事讓我感動，我不僅為中國作父母的犧牲精神而感動，而且為那些生活無助要住福利院的人而感動。相信，只要走對路子，未來的中國也可以把醫院，把福利院，把社會保險和社會服務體系搞得如發達國家一樣好的。

沒錢的人，不要嫉妒有錢人，特別是不嫉妒那些走在生命最後一個段落的病人，能有一個病人享受到生命的最後快樂，也是一件好事。

好事不怕多，雖然本人不是有錢人，但我相信我也有能力把自己的生活調整得很好。君能往，吾亦能往矣。

其六：生命法則與安樂死

安樂死被法律承認的國家還很有限。但有關安樂死的話題，早已經成為世界性話題。

為什麼提倡和討論安樂死呢？因為現代文明下的人類，需要保護自己的信心、快樂與尊嚴。這信心、快樂與尊嚴即使在生命的最後一刻，人類也不願意或者不同意失去它們。

　　過去人說，醫生用盡各種醫療手段，盡可能關愛病人的生命就是人道主義。

　　現代人說，那還要看活的質量如何？

　　對此，翻譯《善待生死》的譯者張濤這樣表述自己的觀點：

　　什麼是人道？讓他痛苦地活著是不是人道：病人每天痛得死去活來，如果他要求死，你非讓他活著，延長他的生命，這是不是延長他的痛苦？換言之，活著或者死去是不是必須遵循生命的法則。[2]

　　提到生命法則，又引出新的話題。

　　自然死亡，當然是最合乎生命法則的。然而，合乎生命法則並不見得合乎明法則。

　　比如一個人自然出生，自然死亡，一生一世沒有經過任何醫生的，那麼，這一定是很合乎生命法則了，然而卻不合乎文明法則。

　　文明法則告訴我們，有了病，一定要治病，不但人有病要去診治，就是動物園的動物或者自然保護區的動物有了病，也該有專業人員為它們進行必要的診治。

　　這就是說，或者生命法則服從文明法則，或者對生命法則的內涵作出新的補充和解釋。

　　現代文明可以提高人類的健康水平，可以延長人類的生命。這是其一。

　　但現在我們面臨的不是這樣的問題，我們面臨的問題是：

　　一個病人已經沒有希望了，全然沒有希望，但現代醫療依然有辦法，讓他活著，甚至他已經成了植物人了，還可以讓他「活」著，而且一活就活好長時間，活一年，活兩年，甚至活好幾年。

　　然而這幾年，對於這病人而言，人間如同地獄，人間就是地獄。

　　人類文明已經具備了延長人類壽命的能力，但它具有延長人的生存痛苦的權力了嗎？這是其二。

----

[2]　《善待生死》序，第 2 頁。

因為有這其二，所以才有了安樂死這樣的歷史性命題。

《善待生死》一書中講了不少安樂死的案例。這些要求著且實現了安樂死的患者，之所以要求安樂死，一個重要的原因，是他們渴求保持人的尊嚴。為著保持人的尊嚴，不肯再「非人」地活下去了。

其中一位患者，他的妻子是患肺癌死的，死前非常痛苦。以後他不幸也得了這病，在他感到已經沒有可能康復的時候，他要求自己的女兒結束自己的生命。後來她女兒面對了那最

後的場面和自己的感受──

我陪著父親坐在臥室裏，準備好的藥物放在床邊的桌子上。

九點鐘左右，父親開了口。

父親說：「再見吧，金尼，謝謝你，孩子。」

我激動地擁抱著父親說：「再見，爸爸，我愛您。」

父親說：「安樂死跟你沒有任何關係，明天早上你再來我的房間。」

我走出了父親的臥室，那種複雜的心情一生只能有一次。

父親離去的時候 76 歲。

父親離開我已經有 2 年了。此間我一直想把父親死的真相告訴人們，不知為什麼直到今天才動筆。正如父親所說的那樣，沒有人調查他的死。即使今天我告訴人們所發生的一切，我想自己也沒有什麼過錯，我只是滿足了臨死者的最後要求而已。

也有的安樂死的妻子在丈夫死亡時就在他的身邊，而且幫助他完成了這一過程。後來，警方對此事調查，但也未深究這事的責任。

還有的妻子在幫助丈夫實現了安樂死後，還產生了獨特的快樂的感受。這位妻子名叫凱・貝克。她寫道：

我親手送走了我的傑克，完成了我與他的共同心願。想起那
偉大的一刻，我真了不起。
我不會流淚。為什麼要流淚？除了是倍受感動。
……
我從來不認為我丈夫是自殺而死，我幫助了他，我不是幫助
自殺者，我們是在實現一椿完美的人生結局。就像一篇文
章，最後一筆是一個圓滿的句號，而不是斷斷續續的省略號。
……
當時，我對傑克說，我們是一體的。說這話時，傑克的笑很
充實，我感到他在那一刻最性感。我的心底由此滋生了異樣
的快樂。
……
那是我們共同的感覺。我想信傑克‧威德也是這樣認為的。
他走得很快樂，就像我今天談論起時，就像談論一次快樂
歷程。
我們誰會拒絕快樂呢？傻瓜除外。[3]

　　面對安樂死，如此坦誠地表明自己的心境與看法，恐怕只有美
國人可以做到。或者說我們中國人是很難做到的。我們即使幫助自
己的親人實現了他的這個願望，大約也會說，我們很難過，這是不
得已而為之的事情，倘有一絲生路，絕不會選擇這條路。
　　然而，美國人，至少如這位妻子一樣的美國人不是這樣的。她
甚至把這件事比作「一次盡心盡力的性高潮。」而且說，「甚至，
比性高潮要令人悅愉。」
　　這實在是如我一樣的東方人難於理解的。
　　然而，並非我們不理解死，或者說不理解安樂死。

---

[3] 《善待生死》第 58 頁。

　　我們東方人同樣有對死亡的富於哲理的闡釋。例如西方學禪的朋友，曾向一位禪師求教，詢問能否追隨大師學禪。這禪師回答他說：「你有沒有為死做好準備？」這朋友搖頭，說：「我不是來求死的，我是來學禪的。」禪師道：「如果你不願死，就沒有坦然走入生命的準備。等你不抵抗任何事物，準備坦然進入生命之後，再來找我。」[4]

　　所謂：

> 只為分明極，
> 翻令所得遲。
> 早知燈是火，
> 飯熟已多時。[5]

2. 與死亡競爭，與死神競走

　　作者同意安樂死這一新的死亡方式的存在，而且認為它是文明的。

　　雖然如此，但我堅決反對在死亡面前，輕易放棄。

　　換言之，作者同意安樂死，是在積極的文明意義上的理解，而不是出於任何消極意義的考慮。而且堅信，只要存在任何一點消極成份，便談不上安樂二字。

　　人類文明告訴我們，輕言失敗，不是人的本性，更不是文明的本性。

---

[4] 轉引自《生死之約》第 25-26 頁。
[5] 《禪的故事》第 90 頁。

　　越是面對諸如死亡一樣的巨大壓力，我們還愈要表現出人類特有的智慧、能力和勇氣。

　　首先，或者說最重要的，是面對重病或者絕症，確立最佳心態，找尋最佳位置。

　　大病襲來，沒有震驚是不現實的，沒有憂傷是不合情理的，沒有恐懼是言不由衷的，沒有沮喪或者別的消極情緒是不客觀的。

　　然而，不宜長時間如此。

　　人畢竟是人，震驚、憂傷、恐懼、沮喪等種種情緒過後，還要建立自己的信心和勇氣。

　　建立信心和勇氣的目標，在於戰勝病魔，讓病魔還自己一個健康的肌體。

　　但戰勝病魔不是和病魔較勁，簡單地把病魔看成敵人，以為只要有勇氣，便可戰而勝之。比如你疼，我就偏不怕疼，和你死拼，看誰的意志更強大。這辦法實不可取，前已言之。

　　或者把希望寄掛在一些沒有根據的誘惑上，妄想不吃藥，不就醫，練些氣功或者吃點偏方就發生奇蹟。其結果，往往是耽誤了治病的最佳時機。

　　正確的科學的態度，是面對疾病，理性地去看待它，以一種順達的心態去看待它。鄧穎超在年輕的時候，就身患肺病，那個時候，肺病往往會致命，然而她心態好，她的應對態度是，既來之，則安之。

　　面對疾病，首先要瞭解這病。瞭解它，才好戰勝它，所謂「知己知彼，百戰不殆。」如果是盲目的，不但可能貽誤「戰機」，而且有可能跌入新的誤區。

　　然而，一般地說，病人對疾病的瞭解，總是有限。那麼，就要想相信大夫，謹遵醫囑。聽大夫的話，如同戰鬥員聽指揮員的話，有令必行，有禁必止，進退有序，方能言勝。比如大夫不讓吸煙，

那麼就不吸煙，不讓飲酒，就不飲酒，不讓吃糖，就不吃糖，不讓吃鹹，就不吃鹹。

你不要本人個性如此，管你三七二十一，煙癮上來，眼一閉，一切忌諱都滾一邊去。這看似瀟灑，──其實一點也不瀟灑。若以戰鬥而論，便是魯莽之夫。

相信大夫，相信醫學。實際上，現代醫學日新月異，發展很快，很多病症。在我們過去看來是絕症，其實已經有了很有效的治療辦法。即以癌症為例，存活期在 5 年以上的患者，無論在國內國外都不罕見。有的已生活了 20 年、30 年，甚至更長時間。

對待這樣的病症，現在西醫、中醫都取得很大成就，所謂絕症云云，只是說，對這類病還不能包治──不能治一個，好一個。但也絕非束手無策，──治也是白治。筆者 2000 年春天在友誼醫院給老爸陪床，見到不少癌症患者，他們中的相當多的人生存狀態很好，而且治病非常有效。一位姓康的老人，病情不輕，但生活質量優良，若非知情者，絕對看不出這是一位癌症患者。

相信醫學，相信科學，醫學也是科學的一個分子，科學的進步對醫學更是有大的幫助。

如今取得歷史性突破的人體基因工程就是人類文明的一大成果，也是人類健康的一大福音。

通俗地說，人之所以患病，和基因缺陷有直接關係，而破解基因的結果，是可以預先知道哪些人可能會患什麼病，於是有針對性地加以預防，效果必定奇佳。而生命基因既可以破解，當然可以修補，一旦「壞」的基因得到修補，那麼很多遺傳性或帶有遺傳因素的疾病，如高血壓、糖尿病等疾病，顯然可以最大限度地得到治療，直至得以根治。

　　有專家開玩笑說，知道了自己的基因，好處很多，比如有些人天生不怕吸煙，那麼，儘管吸煙好了。你吸的煙多，給國家增加的稅也多，可說與己無害，於國有利。

　　比如我們北京，有名的事物很多，其中一個大的有名的組織，就是北京抗癌樂園。這個樂園不但名聲響亮，而且園中有說不盡的動人事蹟。這些癌症病人繫在一起，相互勉勵，相互支持，快樂人生，享受生活。他們的生活充滿陽光，而且在康復和健康路上，取得了重大的突破。

　　就在距今不過一月之前，2000 年 11 月 18 日，他們還高舉自己的旗幟，參加了「2000 北京——希望馬拉松」長跑。

　　我們無須問長跑的具體過程與成績，單是這樣的舉動，就足以令人欽佩和敬重。這樣的舉動，堪稱壯舉。

　　他們中的一位園友張莿女士說：

　　我得了這病之後，對人生的看法變了許多，活著就要快樂，每天都是快樂日記，不是死亡日記。我總對自己說，不能就這麼服輸，為了孩子和愛人也要堅持住。

　　他們打出的條幅中有這樣一條：

　　癌症是一種常見病，它並不可怕。

　　魏巍曾把朝鮮戰場上的中國人民志願軍比作「最可愛的人」，而這些抗癌樂園的園友們，在人類戰勝癌症的道路中，同樣是人類文明發展史上的最可愛的人。

　　相信醫學，相信科學，還要保持自己的生活個性。

　　一個強者，不因遇到國難家仇而改變自己的人生信仰；

　　一個智者，也不因疾病而改變自己的人生追求。

　　按自己喜歡的方式生活，包括按照自己喜歡的方式面對死亡或者迎接死亡，才可以說是一個真正領悟了生死真諦的人。

今年中國大陸的生死界中，首屈一指的新聞人物乃是陸幼青。最具影響力的新倫理學著述也非陸幼青的《死亡日記》莫屬。

陸幼青，1963 年 10 月生人，1994 年被診斷為癌症晚期，手術後出現淋巴結腫大，癌症突發。今年年中，他中斷治療，面對即將逝去的生命，開始在網上撰寫《死亡日記》。

《死亡日記》影響很大，《北京青年報》即載即登，更擴大了它的影響。今年 11 月 10 日，日記正式出版，給陸幼青和她的家人送上了一份久盼初歸的珍貴禮物。

對這件事，報刊也有爭議，有的指責出版社有炒作之嫌，有的不同意陸幼青的人生態度，認為他不該中斷治療，等等。

我以為，陸幼青的人生態度是可取的，也是令人讚歎的。一個生命垂危的人，能夠拿起筆來，記下自己的真實感受，無論如何，是一種了不起的舉動。實在說，這不是任何一個人甚至不是絕大多數患者可以做到的。而且他的日記寫得很美，很深情，也很雅調。讀著這些日記，如同在傾聽一個在死亡面前能夠保持平靜又保持自尊的好朋友的娓娓言談。這如果還不能算大徹大悟者的心跡表現，至少是一個智慧者對於人生的告別贈言。

至少出版社是否炒作，以及其他議論種種，我以為其中的不少議論有跑題之嫌，而且很不合乎人道主義。

對於健康者，我們尚且准許寬容，對於一位生命垂危者，我們理應更其寬容，以寬容慈悲之心，看待一個生命最後階段的關閉過程，那過程，正如陸幼青描寫的：

湖對岸有一幢歐式的大房子，依稀是白色的，每個房間都亮著燈，看不真切，它的巨大身影投在湖面上，都一動也不動，只見燈光看上去更亮了。過了一會兒，它開始熄燈，一盞、二盞、三盞……熄燈的過程緩慢而堅定，像一個儀式……最後一盞燈滅掉的時候，有人死了。

我願意為之祈禱，希望奇蹟發生。而且我相信，縱然生命的奇蹟未曾發生，那生命點燃的文化光芒已然不息。

3. 自由權力與文明的悖論

死亡本身並無悖論。

順向思維，有生就有死，何悖論之有？

逆向思維，有死就有生，又何悖論之有？

然而，一接觸到安樂死——人的死亡權力，就有悖論發生了。

人的生命屬於誰？當然是屬於自己的。不屬於自己的生命，若非奴隸，即是死囚，或者心甘情願作人身依附的人。

生命屬於生命所有者，即是人的自由權力的一種。

生命即是人的自由權力的一種，那麼，人，無論什麼人，他都有權力自由自主地決定自己的生死存亡。

人生而自由，死也應該是自由的。

但是，人類文明卻又有另一種解釋，即使現代文明，它也不同意任何一個人可以任意結束自己的生命。比如現代科學認為很多自殺行為都是心理障礙導致的結果，或者生活挫折、社會壓迫加上心理障礙而導致的結果。

從醫學上講，心理障礙屬於一種疾病，而生活挫折帶有某種難以克服的必然性質，社會壓迫則屬於社會疾病，且不論這病症屬於什麼性質。

那麼，既然心理障礙屬於一種疾病，就該為其診治才對；

既然社會壓迫屬於社會疾病，也該為這社會診治才對。

所以自殺不是文明能夠輕易同意的行為。

自殺如此，安樂死亦有類似的性質。

比如前面提到的導致安樂死的自尊問題。其中的疑問亦屬不少。

一個患者，他害怕失去自尊，因此提出安樂死要求。

但害怕失去自尊，說明還沒失去自尊，把一種沒有發生的情況當成必然發生的情理，而且去選擇它未免有點說不清楚。

何況，什麼叫失去自尊，這問題又值得研究。僅僅一個病人大聲呻吟，算失去自尊了嗎？一個病人痛苦得在床上亂滾，算失去自尊了嗎？或者一個病人祈求大夫給他更大量的止痛藥算失去自尊了嗎？

生命屬於個人，但它的價值如何界定屬於文明。

這正是產生悖論的癥結所在。

現在，全世界大多數國家不能在法律上認可安樂死，實在與此相關。

那麼，如何面對這種悖論呢？或者說這悖論是否可以有解呢？

這悖論或者是無解的，如同世間的許多悖論所面臨的情況一樣。

我們所做的，是要找到一個最佳結合點，這個最佳結合點，就是既滿足人的自由權力的需要，又滿足人類文明的標準。

但我最佩服的，還是那些把幸福和快樂留給他人留給社會的死亡者們。

我記得一個名叫楊軻的女孩，患了白血病，後來有臺灣同胞捐獻骨髓治她，以求換取她年輕的生命，但沒有奏效。她臨終前，要求把自己的遺體交給醫學界，用它們救援那些需要身體相關器官的人。

她很快死去了，她的願望實現了。

我相信，那如薪火相傳的生命，正是永生的象徵。

後記

　　每個人心中都有一本書。這書常常就是他的希望，他的寄託，他的真愛，或者他的怨恨。

　　每個人心中都有一本書——因為書離我們太近了，但不是每個人心中都有一個寫書人，因為寫書人離我們又太遠了。

　　譬如一群新朋友相會，忽然一個朋友介紹說，另一位是一個寫書的，周圍的反應常常就是和人們聽到「這一位是剛從號裏出來」的效果差不許多。實在寫書的人太少，屬於稀有品種，故此多多少少顯得有些神秘，又有些各色。

　　當本書即將出版時，我忽發奇想，想與各位讀者朋友聊聊我對寫書人的看法，或說雅點兒，即我心目中的寫書人。

　　我心目中的寫書人應具備——至少應具備這樣 6 個條件，這 6 個條件對應的關鍵字是：誠實、邏輯、激情、本色、有趣和平常心。這 6 個條件的有機結合，即是我對寫書人的一點期待，也是我作為其中一員的一個孜孜以尋的宿願。

1. 誠實——不說假話的寫書人

　　曾記得有朋友問我，應該如何寫文章。我的看法是：

　　首先，這文章應該是老實人寫的；其次，這文章應該是內行人寫的；再次，這文章應該是聰明人寫的。

這裏按倒序分析，笨乃文章之大忌，蠢乃文章之大敵。人笨文章也笨，一落筆就招人煩，這個不配寫文章；外行也不可以，滿嘴裏跑駱駝，今天也冒叫一聲，明天又是冒叫一聲，風言風語，沒根沒系，更不配做文章；但最重要的還是第一項，作文章的須做老實人。

什麼叫老實人？老實人即：我寫的都是我信的，或者說，我只寫我相信的。如果連自己都不相信，那麼，你為什麼寫它？你憑什麼寫它？自己都不相信的還要寫，還要求出版，還希望給眾多的讀者看，那就無異於欺詐。不信而寫即自欺，不信而出版即欺人，自欺加上欺人，騙子無疑。而且在我看來：敢冒天下之大不韙，用出版文字騙人的人，乃是普天之下所有騙子中最為愚蠢的一種，正如文章的剽竊者，乃與普天之下所有賊子中最愚蠢的賊子同。

你相信，你才寫，也可能寫錯了，但是，縱然錯了，也不失人性的天真。反之，就算是蒙著了，碰巧了，撞對了，趕上大運了，假的終是假的，那骨子裏的東西還是「黴」的。

2. 邏輯——相信理性的寫書人

寫文章——寫書，必定有一個邏輯。所以寫書前，必有一個大思路，看看這思路順不順。如果這思路不順；或者「別著馬腿」呢；或者腸梗阻呢；或者有盲區呢；或者驢頭不對牛屁股呢，執筆人不管三七二十一，提筆就寫，其結果不是寫亂了，就是寫歪了，或者寫碎了，寫跑題了，乃至寫暈了，北在哪兒都找不到了。殊不知，邏輯的背後是理性，連理性都沒有，寫書何堪？

也有人說，現在都什麼時代了？都後現代了。後現代反對的就是邏輯，而且是大邏輯——邏各斯，解構的就是理性，而且是大理

性——規律。連上帝都死了——尼采之見，人都死了——福柯之見，文本都死了——德里達之見，您還講邏輯——理性？多少不合時宜。但我要說，後現代雖然以解構著稱，但解構也有它自身的邏輯存在。上帝死了有超人；人死了有知識考古學；文本死了有後現代。後現代不是沒死嗎？它依然邏輯的活著。

應該說，當今多元時代，文章可以有無窮種作法，什麼人都可以寫得，什麼方式都可以用得。用得好時便是範式；用的奇時便成驚喜；用的新時便成創造；用的怪時可能成為前衛。以飲食作比方，可以喜歡滿漢全席，也可以喜歡法國大餐；可以喜歡老北京炸醬麵，也可以喜歡肯德基。你不要說，麥當勞算老幾——垃圾食品罷了，也不可以說臭豆腐什麼玩藝，還要油炸，更臭了！

多元時代的好處就在於千姿百態，唯其所好。但這不等於說：千姿百態，就沒有自身的邏輯了。臭豆腐若沒有邏輯，怎麼能具備那麼一種迷住千百萬食客的臭味？麥當勞若沒有邏輯，又怎能行雲流水，風行全球？

簡言之，我不反對後現代，我喜歡後現代，喜歡它那向一切權威展開解構的精神；我也不反對沒邏輯——反邏輯的書寫者，我只是認為，沒邏輯的書少了一根筋。

3. 激情——具有真愛的寫書人

豈但寫書，做任何一件有意義的事，都需要有激情。孔夫子說「知之者不如好之者，好之者不如樂之者」。因為有愛，才能樂在其中。

更何況，從特定的角度看，書寫乃是一種情感運算式，甚至是一種激情運算式，沒有激情，怎會有書？

那些激情的書寫者，往往是些激情如命的人物，如司馬遷，如蘇東坡，如金聖歎，如曹雪芹。

當然外在表現可以是多種多樣的，有瘋狂的；有警策的；有張揚的；有內向的；有洶湧澎湃，不可一世的；也有精光內斂，愈琢磨愈有韻味的；有濃如酒的，也有淡如水的；有的清、有的爽、有的酷、有的炫。但在那內心最為深層之處，必有一段激情在。否則，司馬遷身遭非刑，何以為書而活；曹雪芹錦心繡口，何以因書而死；金聖歎評點《水滸》、《西廂》何以可以成魔；蘇東坡因詩獲罪，何以甫一出獄，馬上又做起詩來。

在我本人，最喜歡的乃是一種感覺到「燙」的文字，放在眼前是一片光，提在手中是一團火。如《哈姆雷特》，如《北回歸線》，如張可先生翻譯的《莎士比亞論》。

4. 本色──有真性情的寫書人

所謂本色，即用自己的語言說話，用自己的心靈寫書，天下人口雖多，試問：可不可以用他人的頭腦思維，可不可以用他人的嘴巴吃飯，如果可以，那麼，本色不本色，沒有意義。如果不可以，一個書寫者，就應該用、必須用自己的頭腦思維，用自己的心靈寫書，用自己的語言說話。

回首當年，以五四一代新人物為代表的中國經典性作家，其個體寫作風格異常鮮明。如魯迅，如周作人，如林語堂，如梁實秋，如胡適，以及後來的馮友蘭、熊十力、錢鍾書。

魯迅的風格犀利老辣；周作人的風格淡如雲、清如水；林語堂的風格詼諧風趣；梁實秋的風格平實雅謔；胡適的風格明白如話；馮友蘭的風格曉暢明達；熊十力的文章一字千鈞，讀其文如嚼橄欖

一般；錢鍾書的文章博聞強識，有如萬花筒的萬變千回，不知底裏。他們的書寫風格是如此鮮明，不論將任何一位的任何一段文字摘錄出來，置於另出，都會表現得奇風異彩，與眾不同。

遺憾的是，未知幾時，現代人的文字大多千篇一律，千人一面，結果是風格沒了，個性沒了，趣味沒了，連自我都沒了。寫者固然沒精打采，讀者更覺味同嚼蠟。這樣的書，不能說半點價值也無，但不才如我，是不會寫的。

5. 有趣——追逐好玩的讀書人

有趣如同女人的一張臉，雖非生命攸關，卻指定與美醜相關。

有趣的追求自古而然。不過中國古人多講「味」，少講「趣」。這也是中國文學批評的一個特色，好以味覺論文章。

但古人的味覺標準的確很高。一幅字，要看三個月，甚至看三年，才看出門道來，那才叫有味；一齣戲，要看十場，甚至一百場，終於看出點門道來，那才叫有味；一本書，要正讀三年，倒讀三年，甚至一輩子都讀不夠，且越看越有興致，越看越覺得那書的博、那書的大、那書的好，那才叫有味道。

古人如此，洋人同是。我聽朋友說，在美國演講，如果講 40 分鐘，收穫不到 10 次笑聲、5 次掌聲、3 次掌聲加笑聲，演講就算失敗了——就算您演「砸」了。這個標準，粗一看，也不覺得有什麼了不得；細一想，在我們這個地方，還真辦不到哩！

當然，現代人的審美情趣變化了，與古人相比，不一定要那麼高，也不一定要那麼深，更不一定要那麼久。初一見，哈哈大笑，笑痛了肚皮；再一見，不過爾爾，笑意全無，甚至從此不想再與之相見了，也沒有什麼不好，畢竟你已經笑過了嘛！人類的興奮點，

既有高的、深的、雅的，也有表層的、淺顯的、通俗的，但無論如何，好玩才行。

古人講趣味，現代人講好玩。無論喜、怒、哀、樂，必須好玩才可以聯繫到藝術二字。即使是出離了憤怒，如果它是一種文學作品的話，那也得有藝術品位方可立足於文學殿堂。如黑旋風李逵一樣的動輒大罵「直娘賊」，與藝術二字兩不相干。

書不好玩，幾近廢紙。往最好的方面想它，也不過是一味苦藥，健康人不喜歡它的。

6. 平常心──平等立身的寫書人

平常心，說來容易做到難。

說得直白點，就是「別太拿自己當事兒」，也「別太不拿自己當事兒」。

「太拿自己當事兒」，寫了一本書，就認定自己是人類靈魂的工程師了；插上翅膀就是天使了；安個尾巴就成孫大聖了。不但無聊，而且討厭。

其實就算寫了 100 本書，也未必如何。

太過拿自己當事兒的人，往往把自己看的高人一等。實際上，文明時代，根本沒有高人一等的人，只有與人平等的人。

因為你自以為高人一等，所以特愛訓人，特好與人為師，特喜歡宏大敘事，特愛高頭講章，口沫橫飛，結果忘了自己是誰。

在這方面，我贊成王朔的觀點，寫書的與壘牆的本質上沒任何區別。都是人呀！你老人家雖然清高無比，什麼都可以忘記的，難道可以忘記自己是「人」嗎？要說區別，就是人家是碼磚的，你是碼字兒的。人家因為碼磚，重體力勞動，體格健壯如施瓦辛格，您

老人家只會碼字兒，久而久之，不知不覺間，有些近視眼，又有些腰間盤突出了。

也「別不拿自己當事兒」。古人云：倉頡造字，夜有鬼哭。寫書原來是件神聖的事情，故而，一要敬畏文字，二要敬重讀者，三要尊重自己。

敬畏文字。一筆下去有千斤。沒這點感覺，我勸你，莫寫書。

敬重讀者。讀者才是寫書人的衣食父母。有自稱或以作家自得的人，未曾出書，先算稿費，未結稿費，先想版稅。一想到當自己駕鶴歸西之後，還有 60 年、80 年，甚至 100 年的版稅留給自己的兒孫享用，不覺心花怒放，有飄飄然成仙成聖之感。

然而，您怎麼不知道，您的書能有那麼長的生命力麼？它可能享壽 1000 年，但也可能連一次再版的可能性都沒有，又可能連 100 本都賣不出去。因為什麼？因為「上帝」不青睞──讀者不高興它。

尊重自己，就該不胡說、不濫說、不瞎說。人有人格，學有學格，文有文格。曾國藩有「八為本」之論，其中有云：

> 立身以不妄言為本；
> 治家以不晏起為本；
> 做官以不要錢為本；
> 行軍以不擾民為本。

這裏說的都是些細事，然而，細節錯了，品味難存。

魯迅先生曾說過希望他的書能夠速朽的話。那是一種激憤之詞。寫書最怕速朽，最好長存。然而，存與不存，豈是書寫者說了就可以作數的。寫書在我，讀書在人，讀者才是那一隻看不見的上帝之手。

順便說一句，我很喜歡出版者為本書副標題配上的一個詞「草根族」。本人喜歡做一個草根族，而且我認為我的讀者──我曾收

到過浙江、江蘇、陝西、山西、天津等十多個省市的不相識的讀者的來電或來信──也多為草根族。草根雖小，但它活得頑強，所謂「野火燒不盡，春風吹又生」；草根雖賤，但它富於活力，所謂「嚼得草根，百事可做」；草根雖平凡，卻具有普世之情，所謂「天涯何處無芳草」。

　　此時此刻，當我快要結束這一篇不短的後記時，我想的是，作為一個草根學者，應向著那無數與我相識或不相識的草根同仁致以崇高的敬禮！

史仲文
2006 年 12 月 9 日於石景山北方工業大學寓所

哲學宗教類　PA0040

生死兩論（下）
——死亡，面對新文明

作　　者 / 史仲文
主　　編 / 蔡登山
責任編輯 / 蔡曉雯
圖文排版 / 陳佳怡
封面設計 / 蕭玉蘋

發 行 人 / 宋政坤
法律顧問 / 毛國樑　律師
印製出版 / 秀威資訊科技股份有限公司
　　　　　 114 台北市內湖區瑞光路 76 巷 65 號 1 樓
　　　　　 電話：+886-2-2796-3638　傳真：+886-2-2796-1377
　　　　　 http://www.showwe.com.tw
劃撥帳號 / 19563868　戶名：秀威資訊科技股份有限公司
　　　　　 讀者服務信箱：service@showwe.com.tw
展售門市 / 國家書店（松江門市）
　　　　　 104 台北市中山區松江路 209 號 1 樓
　　　　　 電話：+886-2-2518-0207　傳真：+886-2-2518-0778
網路訂購 / 秀威網路書店：http://www.bodbooks.tw
　　　　　 國家網路書店：http://www.govbooks.com.tw
圖書經銷 / 紅螞蟻圖書有限公司
　　　　　 114 台北市內湖區舊宗路二段 121 巷 28、32 號 4 樓
　　　　　 電話：+886-2-2795-3656　傳真：+886-2-2795-4100

2010 年 12 月 BOD 一版
定價：250 元

國家圖書館出版品預行編目

生死兩論. 下, 死亡, 面對新文明 / 史仲文著.--
一版. -- 臺北市：秀威資訊科技, 2010.12
　　面 ；　　公分. -- (哲學宗教類 ; PA0040)
BOD 版
ISBN 978-986-221-668-2(平裝)

1. 生死觀　2. 死亡

197　　　　　　　　　　　　　　　　99022166

讀 者 回 函 卡

感謝您購買本書,為提升服務品質,請填妥以下資料,將讀者回函卡直接寄回或傳真本公司,收到您的寶貴意見後,我們會收藏記錄及檢討,謝謝!
如您需要了解本公司最新出版書目、購書優惠或企劃活動,歡迎您上網查詢或下載相關資料:http:// www.showwe.com.tw

您購買的書名:＿＿＿＿＿＿＿＿＿＿＿＿＿＿＿＿＿＿＿＿＿＿＿＿＿

出生日期:＿＿＿＿＿＿年＿＿＿＿＿＿月＿＿＿＿＿日

學歷:□高中 (含) 以下　　□大專　　□研究所 (含) 以上

職業:□製造業　□金融業　□資訊業　□軍警　□傳播業　□自由業

　　　□服務業　□公務員　□教職　□學生　□家管　□其它＿＿＿

購書地點:□網路書店　□實體書店　□書展　□郵購　□贈閱　□其他

您從何得知本書的消息?

　□網路書店　□實體書店　□網路搜尋　□電子報　□書訊　□雜誌

　□傳播媒體　□親友推薦　□網站推薦　□部落格　□其他＿＿＿＿＿

您對本書的評價:(請填代號　1.非常滿意　2.滿意　3.尚可　4.再改進)

　封面設計＿＿＿　版面編排＿＿＿　內容＿＿＿　文/譯筆＿＿＿　價格＿＿＿

讀完書後您覺得:

　□很有收穫　□有收穫　□收穫不多　□沒收穫

對我們的建議:＿＿＿＿＿＿＿＿＿＿＿＿＿＿＿＿＿＿＿＿＿＿

＿＿＿＿＿＿＿＿＿＿＿＿＿＿＿＿＿＿＿＿＿＿＿＿＿＿＿

＿＿＿＿＿＿＿＿＿＿＿＿＿＿＿＿＿＿＿＿＿＿＿＿＿＿＿

＿＿＿＿＿＿＿＿＿＿＿＿＿＿＿＿＿＿＿＿＿＿＿＿＿＿＿

11466
台北市內湖區瑞光路 76 巷 65 號 1 樓

秀威資訊科技股份有限公司　　　收

　　　　　　　BOD 數位出版事業部

....

（請沿線對折寄回，謝謝！）

姓　　名：_____　年齡：_____　性別：□女　□男

郵遞區號：□□□□□

地　　址：_____

聯絡電話：(日) _____ (夜) _____

E-mail：_____